Felicitas Weiß

ZEN-Gebote für moderne Frauen

O. W. Barth

www.fischerverlage.de

Erschienen bei O.W. Barth, ein Verlag
der S. Fischer Verlag GmbH, Frankfurt am Main

Satz: H & G Herstellung, Hamburg
Druck und Bindung: CPI – Ebner & Spiegel, Ulm
Printed in Germany

ISBN 978-3-502-61187-5

Inhalt

Vorbemerkung 7

Vom Buddha zum Heute. Eine kurze Einführung 9
Alte Lehre neu gesehen 9
Mensch sein heißt leiden 15
Der Achtfache Pfad 17
Vom Buddha zum Zen 26
Frauen im Buddhismus 30

Zen-Gebote für moderne Frauen 35
1. Du sollst im Hier und Jetzt leben 37
2. Du sollst Achtsamkeit üben bei allem, was du tust 49
3. Du sollst authentisch nach deinen Gefühlen leben 59
4. Du sollst dich selbst lieben 73
5. Du sollst lernen loszulassen 81
6. Du sollst ehrlich sein zu dir und anderen 93
7. Du sollst bewusst mit deinen Wünschen umgehen 101
8. Du sollst Verantwortung für dich und die Welt übernehmen 111
9. Du sollst dem Fluss des Lebens keinen Widerstand entgegensetzen 123
10. Du sollst inneren Frieden finden 131

Anhang

Nachbemerkung 133
Literaturverzeichnis 134
Zur Autorin 136
Quellennachweise 137

Vorbemerkung

Sie stören sich an dem Wort »Gebot«? Sie können »du sollst« nicht mehr hören? Das ist gut! Dann sind Sie auf dem richtigen Weg. Dem Weg in die innere Unabhängigkeit, zum inneren Frieden. Nichts anderes will das Zen – Sie auf dem Weg zum inneren Frieden unterstützen, ganz gleich, ob Sie nun Buddhistin, Atheistin, Christin, Muslimin, Geschäftsführerin eines Unternehmens oder Hausfrau oder sonst etwas sind.

Die folgenden zehn Zen-Gebote sollen (!) Ihnen dabei helfen. Aber nehmen Sie das Wort »Gebot« nicht im biblisch-strengen Sinn, und die Aufforderung »du sollst« schon gleich gar nicht. Als erwachsene Frau sind allein Sie Herrin Ihres Lebens, in jeder Sekunde. Nur Sie können sich ein Gebot auferlegen, nur Sie können sich sagen: »Du sollst.« Und nur Sie können von sich selbst verlangen, dem Gebot zu folgen.

Eigentlich, wenden Sie ein. Nur *theoretisch*. Da sind doch all die Abhängigkeiten, emotionale, finanzielle, soziale ... Die Verantwortung für den Mann, das Kind, die Eltern. Die vielen Verpflichtungen! Der Job! Die Bank!

Ich weiß. Ging mir früher genauso.

Und jetzt sitze ich, noch voller Eindrücke von meiner letzten Reise nach Fernost, neben meinem Mann (eingeschlafen) und meiner Tochter (liest Harry Potter) in unserem Wohnzimmer in Berlin und bin nur ein paar Jahre älter als früher und nur ein bisschen weiser – und fühle mich innerlich doch so frei.

Und alles nur, weil ich irgendwann vor Jahren beschlossen habe, Herrin meines Lebens zu sein, und mir das Zen als Weg dorthin ausgesucht habe.

Herrin?

Nein, da steckt mir zu viel Herr drin, zu viel Mann. Meisterin meines Lebens? Zu esoterisch. Der Buddha meines Lebens? Wir wollen nicht übertreiben! Lenkerin? Da kommt mir Ben Hur in den Sinn, der ölglänzende Macho Charlton Heston. Ich bin lieber keine Lenkerin …

Sagen wir doch einfach: Weil ich beschlossen habe, mein Leben, wie es ist, zu leben.

Mein Leben, wie es ist, zu sein.

Vom Buddha zum Heute. Eine kurze Einführung

Alte Lehre neu gesehen

Da wanderte vor 2500 Jahren ein besitzloser, abgemagerter, wenn auch zweifellos kluger Mann durchs Land, lehrte in einer Welt ohne Elektrizität, Autos, Internet, Computer, ohne das Wissen der Gegenwart, ohne den Stress, die Sorgen und die Nöte des modernen Menschen »Weisheiten«, die von den Natur- und Geisteswissenschaften, der Medizin anscheinend längst widerlegt sind …

Mal ganz ehrlich: Ist die Lehre dieses Mannes nicht überholt? Ist sie mittlerweile nicht schlicht irrelevant? Machen wir uns nicht ein bisschen lächerlich, wenn wir auf seine Ratschläge hören? Ratschläge eines Mannes, der noch dazu ganz offensichtlich Angst vor weiblicher Sexualität hatte und ein Geschlechterbild pflegte, bei dem wir heute nur den Kopf schütteln können?

Fragen, wie sie mir bei meinen Zen- und Meditationsseminaren immer wieder gestellt werden. Sinnvolle, wichtige, verständliche Fragen, die mir als überzeugter Buddhistin bisweilen auch durch den Kopf gehen und die gerade im Zen erlaubt und erwünscht sind. Zweifel – einer der zentralen Begriffe im Zen!

Ich antworte den Teilnehmern (und mir selbst) dann immer so: Lassen wir den ganzen mythologischen und kosmologischen Überbau doch mal weg! Denken wir nicht über Mystik, Reinkarnation, Wiedergeburt als Eidechse, Wunderheilungen und diese suspekten Dinge nach. Übersehen wir für den Moment, dass der Buddha kein besonders erfreuliches Frauenbild hatte.

Schauen wir uns stattdessen seine essenziellen Erkenntnisse an. *Leben heißt leiden*, beispielsweise. Oder: *Alles ist vergänglich – also auch das Leiden.* Oder: *Nur wer loslassen kann, wird den inneren Frieden finden.* Oder: *Im Hier und Jetzt liegt alle Kraft.* Dann begreifen wir, dass der Buddha (genau wie Jesus und Mohammed) keine Antworten auf Fragen seiner Zeit formulierte, sondern Antworten auf die Fragen, die in jeder Epoche von jedem Menschen gestellt wurden und werden: Fragen nach dem Standort des Menschen in seiner jeweiligen Welt.

Überholt und irrelevant? Nein, im Gegenteil!

Mag die buddhistische Kosmologie auch nicht mehr sein als ein hübsches, buntes Phantasieprodukt längst vergangener Zeit: Die *Essenz* der Buddha-Lehre war zu allen Zeiten aktuell, und sie ist es auch heute. Was dieser besitzlose, abgemagerte, kluge Mann über das menschliche Leben herausgefunden hat, ist schlicht großartig. Auf die einfachsten Fragen die einfachsten Antworten! Und (fast) alle stimmen.

Das beweist jeder Tag. Jeder Atemzug. Und ich habe noch niemanden getroffen, der den Buddha widerlegt hätte. Aus diesem Grund habe ich das Büchlein geschrieben, das Sie in der Hand halten

Lehre vom Menschen

Wenn Sie die Grundgedanken seiner Lehre, wie wir sie im Zen komprimiert finden, in Ihr Leben integrieren, werden Sie davon profitieren. In Teil II sind in Form von zehn »Geboten« die wesentlichen aufgeführt. Sie können Ihnen dabei helfen, ein gesundes, unerschütterliches Selbstvertrauen zu entwickeln, sich wertzuschätzen, Ihr Potenzial zu erkennen und zu verwirklichen, das Leben gelassener anzugehen, besser mit Ihren Wünschen und Sehnsüchten, Ängsten und Sorgen, Nöten und Problemen umzugehen, psychisch stabil zu bleiben oder zu werden und sich auf eine positive Weise in der Realität zu verankern.

Dabei spielt es keine Rolle, ob Sie an den Buddha, den christlichen Gott oder an gar nichts glauben. Und liturgischen oder spirituellen Zinnober braucht es auch nicht. Denn der Buddhismus und vor allem das Zen sind Lehren vom Leben an sich, nicht vom Glauben.

Im Kern geht es ihnen um eines: dass der Mensch unabhängig von Göttern, Heiligen oder Institutionen zu sich selbst findet und in der Lage ist, ein glücklicheres Leben zu führen. »Der Buddhismus beschäftigt sich nicht mit Gott oder der Welt, obwohl er natürlich bestimmte Theorien über beides hat«, schreibt der Religionsforscher Richard Gombrich. »Der Buddhismus beschäftigt sich mit dem Menschen.«[1]

Das geht auf einen bemerkenswerten Umstand zurück: Der Buddha hat sich selbst nie als etwas Besonderes gesehen, als Gott, Erlöser, etwas Überirdisches. Nein, er empfand sich schlicht als einen Menschen, der – wie es allen anderen Menschen möglich ist – einen Weg aus dem leidvollen Dasein entdeckt hatte. Er behauptete auch nicht, sein Wort sei göttliches Gesetz. Ayya Khema, die bedeutende buddhistische Nonne deutscher Herkunft, erinnert uns daran, dass er von uns nie verlangte, »seinen Worten zu glauben; er wollte nur, dass wir ihm genug Vertrauen schenken, sie zu untersuchen«[2]. Eine ausgesprochen sympathische Haltung, wie ich finde.

Zen zu ergründen bedeutet, uns selbst zu ergründen,
uns selbst zu ergründen bedeutet,
uns selbst zu vergessen,
uns selbst zu vergessen bedeutet,
die Buddha-Natur, unsere ursprüngliche Natur, zu finden.[3]

Dogen, japanischer Zen-Meister, 1200–1253

Altes neu übersetzt

Allerdings muss man die buddhistischen Lehrsätze, die im 6. Jahrhundert vor Christus formuliert wurden, natürlich in eine heutige Sprache übersetzen, sie für das Leben 2500 Jahre später verständlich und nutzbar machen, gerade im Westen. Traditionalisten mögen sich – wie in jeder Religion, in jeder Philosophie – dagegen verwahren. Aber wenn wir auf Traditionalisten (zumal männliche) hörten, hätten wir noch immer Angst, dass wir bei einem ausgedehnten Segeltörn irgendwann von der Scheibe Erde hinunterstürzen. Auf den alten buddhistischen Lehren hat sich der Staub jahrhundertelanger orthodoxer Auslegung angesammelt, und davon müssen wir sie befreien. Übrigens ein typischer Ansatz im Zen, das sich immer als »außerhalb der orthodoxen Lehre« gesehen hat. Also: Wenn Sie ein bisschen querdenken wollen, sind Sie im Zen genau richtig.

Die wirklich Weisen wissen, dass auch die Grundsätze und Grundregeln von universalen Theorien immer wieder neu übersetzt werden müssen. Ja, dass sie ihre Gültigkeit und Relevanz erst dann beweisen, wenn sie an die veränderten Umstände adaptiert werden können. Denn eine Lehre wird erst dann zu einer Universallehre von immerwährender Gültigkeit, wenn ihre Gedanken und Erkenntnisse auch unter veränderten Vorzeichen wahr bleiben. Ich glaube, Buddha und andere Religionsstifter wie Jesus oder Mohammed waren solche Weisen.

Unser Verständnis von der Welt hat sich in den vergangenen Jahrtausenden radikal gewandelt und fundamental erweitert. Um das alte buddhistische Wissen für unsere Erfahrungswelt zugänglich und nutzbar zu machen, müssen wir es mit dem *heutigen* Blick betrachten. Er enthüllt die Großartigkeit, die Allgemeingültigkeit dieses Wissens, weil er wesentliche Aspekte offenbart, die vor 1000, vor 2500 Jahren noch verborgen waren.

Das gilt gerade für Aspekte, die unser weiblicher Blick mitbringt, der ja erst seit einigen (viel zu wenigen) Jahrzehnten in der Kultur des Westens wie des Ostens eine größere Rolle spielt. Sollen wir Frauen des 21. Jahrhunderts Weisheitslehren wie den Buddhismus links liegen lassen, weil sie fast ausschließlich von Männern formuliert wurden? Weil die buddhistische Gemeinde jahrhundertelang in erster Linie aus ordinierten Männern bestand? Weil gerade der Zenbuddhismus Japans, überspitzt gesagt, lange eine Männerreligion war (wenn man von Religion sprechen kann)?

Nein, natürlich nicht. Wir wären dumm. Wir würden aus verletzter Eitelkeit und falsch verstandener Emanzipation auf all die spirituellen, psychologischen, intellektuellen Segnungen verzichten, die der Buddhismus für alle, Männer wie Frauen, bereithält. Dem Buddha vorzuwerfen, dass er sich jahrelang weigerte, einen Nonnenorden zuzulassen, wäre ähnlich albern, wie Jesus vorzuwerfen, dass unter den Aposteln keine Frau war. Beide waren trotz aller Weisheit und Größe Kinder ihrer Zeit und in Gesellschaften sozialisiert, in denen die Rollen von Mann und Frau nun mal in heute antiquierter Weise festgeschrieben waren.

Die Größe von Weisen wie Buddha und Jesus bestand eben darin, Weltbilder zu formulieren, in denen in der Zukunft, in veränderten Gesellschaften *alle* Menschen einen Platz haben. Weltbilder, die noch einmal deutlich an Qualität gewannen, indem sie sich dem Lauf der Dinge und zeitgemäßen Auslegungen *nicht* widersetzten. Nur wer sich dem

Wasser des Flusses nicht entgegenstellt, versteht das Leben, sagten die Daoisten, von denen der chinesische Zhan- und später der japanische Zen-Buddhismus viele Gedanken übernahmen.

Und genau das macht den Buddha für die heutige Welt so faszinierend und relevant: dass er sich nach seiner Erleuchtung nicht mehr im Widerstand gegen den Fluss des Lebens aufrieb. Er hatte das Leben verstanden. Er wusste, dass in 2500 Jahren vieles anders sein würde und dass seine Lehre in die Sprachen dieser zukünftigen Welt übersetzt werden muss, damit sie weiterhin gültig sein kann. Als eine solche »Übersetzungshilfe« soll Ihnen dieses Buch dienen.

Mensch sein heißt leiden

Bestes Beispiel für die noch immer gültige Weltsicht des Buddhismus ist die Kernaussage des Buddha – mit bürgerlichem Namen hieß er Gautama – die als »Lehre von den Vier Edlen Wahrheiten« berühmt wurde. Leben heißt Leiden, sagte Gautama bei einer Rede während seiner jahrzehntelangen Wanderschaft. Dies ist die 1. Wahrheit und zugleich die Grundlage seiner zutiefst »humanistischen« Religionsphilosophie. Das Leiden, fuhr er fort, hat bestimmte Ursachen (die 2. Wahrheit), darunter vor allem die menschlichen Begierden sowie die Gefühle, die man unter dem Stichwort »Aggression« bündeln kann: Hass, Neid, Wut, Missgunst.

Was wäre auch heute noch wahrer als diese beiden schlichten Feststellungen? Sind wir nicht getrieben von Wünschen, Sehnsüchten, Hoffnungen, Zielen? In dem Moment, in dem wir zu wünschen beginnen, tut sich ein Abgrund an emotionalen Kollateralschäden auf, unter denen wir selbst und andere leiden:

Wir sind unruhig, weil wir Angst haben, das Gewünschte nicht zu bekommen. Wir sind enttäuscht, weil das, was wir uns gewünscht und bekommen haben, unseren Erwartungen nicht gerecht wird. Wir sind neidisch auf den Kollegen, die Freundin, die größer, erfolgreicher, schöner sind. Wir sind traurig, weil das Geld nicht reicht, weil der Partner uns die Liebe oder Anerkennung nicht gibt, nach denen wir uns sehnen, weil der Chef im Hinblick auf soziale Kompetenz eine Niete und nicht in der Lage ist, unsere Leistung wertzuschätzen. Wir fixieren uns auf materielle Dinge, die wir nicht oder noch nicht haben können, sprich: Eigenheim, Prada-Handtasche, Gehaltserhöhung, verkomplizieren unsere Beziehungen durch Forderungen, Misstrauen, Unzufriedenheit. Wir sind missgünstig, misstrauisch, neidisch, wir hassen, werden wütend, aggressiv. Wir machen uns das Leben selbst schwer.

Mensch sein heißt leiden!

Christine Longaker, Schülerin des tibetischen Meisters Sogyal Rinpoche und spezialisiert auf die Begleitung Sterbender, hat das in ein paar wunderbaren, tröstenden Sätzen zusammengefasst:

Wenn Sie feststellen, dass Sie leiden, können Sie sicher sein, dass Sie sich auf dem richtigen Planeten befinden. Es liegt nicht an Ihnen; Sie machen nichts verkehrt. Leid ist unvermeidlich, und jeder leidet, nicht nur Sie oder ich.[4]

In den meisten Religionen, den meisten Theorien über das Menschsein werden wir für unsere Wünsche und Begierden, für unsere Aggressionen gescholten. Das Streben nach Mehr (von was auch immer) sei dumm, unmoralisch, kindisch, und Neid und Hass stehe zivilisierten, kultivierten Menschen nicht zu – und so weiter.

Nicht im Buddhismus. Der Buddha erkannte das Wünschen und das Hassen als urmenschlich, und er anerkannte das *Leiden* darunter als urmenschlich. Er verdammte es nicht! Im Gegenteil: Er empfand tiefstes Mitgefühl mit allen Leidenden. Und weil er die Menschen (wie sich selbst) aus dem Leid herausführen wollte, rief er ihnen während besagter Rede zu: Die Ursachen des Leidens können beseitigt werden (die 3. Wahrheit), und dafür gibt es ganz konkrete Mittel und Methoden, nämlich den Edlen Achtfachen Pfad (die 4. Wahrheit).

Der Achtfache Pfad

So weit, so gut. Wenn es nun um diese Mittel und Methoden geht, scheiden sich allerdings die Geister des Damals und des Heute. Jene Mittel und Methoden, die dem Buddha-Schüler des 1. Jahrtausends vor der Zeitenwende zur Befreiung vom Leid taugten, lassen sich in der industrialisierten, digitalisierten, globalisierten Welt des Heute außerhalb der Klöster nicht wortgetreu anwenden oder orthodox leben. Wer dies verlangt, verschenkt die schönsten Juwelen menschlicher Kulturgeschichte!

Acht Handlungsanweisungen formulierte der Buddha unter der Bezeichnung »Edler Achtfacher Pfad«, die den Menschen aus dem Leid herausführen und damit aus dem Kreislauf der Wiedergeburten erlösen, der als grauenhaft empfunden wurde.

1. Man soll die richtige Anschauung haben (die Lehre Buddhas).
2. Man soll das richtige Denken pflegen (das Ich überwinden).
3. Man soll auf die richtige Weise sprechen (also auf Lügen und Geschwätz verzichten und möglichst häufig über die Buddha-Lehre reden).
4. Man soll richtig handeln (nämlich im Sinne des Buddha).
5. Man soll richtig leben (keine Taten begehen, die anderen oder der Umwelt schaden).
6. Man soll den Alltag auf die richtige Weise gestalten (und häufig meditieren sowie fleißig, wach und bewusst sein).
7. Man soll achtsam sein (alles bewusst tun).
8. Man soll sich um die Sammlung des Geistes bemühen (Kontemplation, Versenkung, tiefe Meditation).

Entrümpeln wir diese Lehrsätze ein wenig!

1. Man soll die richtige Anschauung haben (die Lehre Buddhas)

Glücklicher werden Sie auch dann, wenn Sie Buddhas Lehre nicht anhängen, sondern sich lediglich ein paar seiner fundamentalen Erkenntnisse zu eigen machen. Der Buddha selbst predigte immer wieder, dass seine Einsichten auch Angehörigen anderer Glaubenssysteme zugute kämen.

»Richtige Anschauung« heißt außerdem in orthodoxer Lesart, die dualistische Weltsicht der Gegensatzpaare zu überwinden ... Aber das heben Sie sich fürs Alter auf, wenn Sie Zeit und Muße haben.

2. Man soll das richtige Denken pflegen (das Ich überwinden).

Wir denken zu viel an uns selbst. Ich, ich, ich! Ein bisschen weniger Ego hat noch niemandem geschadet! Das Ich im Sinne des Buddhismus zu überwinden wird Ihnen allerdings vermutlich schwerfallen. Es hieße nämlich, instinktiv zu begreifen, dass Sie und die Kaffeetasse (respektive Teetasse) nicht zwei Dinge sind, sondern eins. Dass Sie und die Kaffeetasse einander bedingen und nicht unabhängig voneinander existieren. Diese Einsicht überlassen Sie ruhig den Mönchen und Nonnen der japanischen Klöster, die es nicht einem nörgelnden Ehemann, fordernden Kindern und dem kritischen Chef gleichzeitig recht machen müssen.

Die haben auch längst verinnerlicht, dass es so etwas wie ein konstantes Ich, das Tag für Tag dasselbe ist, gar nicht geben kann: In unserem Körper laufen in jeder Sekunde Millionen biochemische Vorgänge ab. Wir verändern uns von Lidschlag zu Lidschlag. JETZT sind Sie schon nicht mehr dieselbe wie noch vor wenigen Momenten, als Sie diesen Satz zu lesen begonnen haben. Dass wir Menschen trotzdem ein konstantes Ich hätten, ist also eine gewagte These!

Natürlich sagt das Zen nicht, dass es uns nicht gibt. Es sagt lediglich, dass es uns auf eine andere Weise gibt, als wir glauben. Wir sind nicht die von allem und allen anderen unabhängigen Wesen. Wir sind Teil einer großen Gesamtheit, werden von anderem bedingt und bedingen wiederum anderes. Und wir blicken auf eine vollkommen verstellte Art auf die Welt, sodass wir die wahre Wirklichkeit nicht erkennen können.

Aber das nur am Rande.

Denn natürlich geht es für uns Frauen, die wir uns vom Leid befreien wollen, in dieser Männerwelt nach wie vor auch darum, unser Ich erst einmal zu *stärken*. Erst dann können wir daran denken, uns mit einer Kaffeetasse zu identifizieren oder uns als bloßes Gefäß wahrzunehmen, in dem ununterbrochen Bewegung und Unbeständigkeit vorherrschen.

Aber, und da offenbart sich die Weisheit des Buddha:

Unser Ich steht uns oft genug im Weg. Es schreit in einem fort: Ich will! Ich brauche! Ich möchte! Und hier können wir ansetzen. *Richtiges Denken* in unserem Zusammenhang kann also heißen, die Forderungen des Ich zu hinterfragen. Nicht gleich aufzuspringen, wenn es gebauchpinselt werden will! Wir werden nicht zufriedener, wenn wir ihm jeden Wunsch erfüllen, sondern dann, wenn wir lernen, weniger Wünsche zu haben. Wunschlos glücklich sein – das wäre das Ideal!

3. Man soll auf die richtige Weise sprechen (also auf Lügen und Geschwätz verzichten und möglichst häufig über die Buddha-Lehre reden)

Nichts gegen einen gemütlichen, oberflächlichen Plausch unter Nachbarinnen oder Freundinnen. Auf Küchentratsch und Geschwätz können Sie aber tatsächlich verzichten. Zeit- und Energieverschwendung! Warum dem Banalen Raum schenken, wenn es so viele Dinge gibt, die Ihnen guttun? Sprechen Sie doch lieber von sich, von Ihren Hoffnungen, Plänen, Freuden, Sorgen, von Ihren Kindern, als von der neuesten halbdebilen Promischönheit oder den Bauchmuskeln eines angesagten Schauspielers, der kaum intelligenter ist. Und Lügen, Verleumdungen, Intrigen haben noch niemanden *wirklich* glücklich gemacht. Schlägt doch alles auf uns zurück! Wer lügt, wird belogen. Wer hinterrücks agiert, wird ausgetrickst und betrogen. So einfach ist es.

Dass Sie möglichst häufig über die Buddha-Lehre reden – nun, wenn Ihnen danach ist, tun Sie's. Falsch ist es nicht. Aber wenn Ihnen *nicht* danach ist, lassen Sie's. Sie werden deshalb auch nicht öfter wiedergeboren …

4. Man soll richtig handeln (nämlich im Sinne des Buddha)

Im Sinne des Buddha handeln – dagegen lässt sich nichts sagen. Besorgen Sie sich ein gutes Buch über den Zen-Buddhismus (oder die Tibetische oder eine andere Strömung), und machen Sie sich kundig. In diesem Büchlein ist für ausführliche Erklärungen leider nicht genug Platz. Nur so viel: Das richtige Handeln im Sinne Gautamas beruht auf:

- Mitgefühl
- Güte
- Bescheidenheit
- Freude über das Glück anderer
- Streben nach Erkenntnis
- Altruismus
- Begierdelosigkeit
- Erbarmen
- Gleichmut (im Sinne von größtmöglicher Gelassenheit)
- Fleiß (als Gegensatz zur Trägheit)

Dazu kommen folgende Vorschriften, an die Sie sich vermutlich ohne größere Schwierigkeiten halten können:

- Verletzen/töten Sie nicht.
- Stehlen Sie nicht.
- Missbrauchen Sie niemanden (nicht nur im körperlichen Sinn).
- Lügen Sie nicht.

Wenn Sie es richtig ernst meinen und eine buddhistische Nonne werden wollen, wird es schon schwieriger:

- Nehmen Sie keine berauschenden Mittel zu sich.
- Essen Sie nicht nach der Mittagsstunde.
- Verzichten Sie auf Vergnügungen wie Musik und Tanz.
- Legen Sie keinen Schmuck an, verwenden Sie kein Parfüm.
- Schlafen Sie nicht in weichen Betten.
- Verzichten Sie auf den Besitz von Geld.

Doch da sind wir wieder bei den orthodoxen Vorschriften, von denen wir uns hier ja lösen wollten. Selbstverständlich können Sie eine gute Buddhistin sein und ein guter Mensch sowieso, wenn Sie hin und wieder einen Schluck Wein trinken, sich Ringe an die Finger stecken und sich eine Federkernmatratze auf den Lattenrost legen!

Und essen, wann Sie wollen.

5. Man soll richtig leben (keine Taten begehen, die anderen oder der Umwelt schaden)

Auch dagegen lässt sich nichts sagen. Sie müssen nicht auf Kosten anderer Menschen leben, reden, handeln. Ist doch kein schönes Gefühl, wenn Sie wissen, dass es Ihnen nur deshalb gut geht, weil Sie jemandem was weggenommen haben. Dass Sie nur deshalb glücklich sind, weil Sie jemand anderen traurig gemacht haben. Oder?

Klar, die Bedürfnisse der einzelnen Menschen überschneiden sich oft. Wenn Ihre Nachbarin *Ihren* Mann liebt, wenn *Sie* die Wohnung bekommen, die jemand anders unbedingt haben wollte – Pech, dann leidet eine/einer zwangsläufig. Aber Sie haben sich, und das ist das Wesentliche, nicht *falsch* verhalten, indem Sie aussprechen, was Sie möchten, und indem Sie es annehmen, wenn es Ihnen dargeboten wird. Verzicht üben können Sie in Ihrem nächsten Leben als Zen-Nonne immer noch. In diesem Leben verlangt niemand von Ihnen, dass Sie Ihren Gatten mit Geschenkschleife ins Nebenhaus bringen oder unter einer Brücke schlafen.

Und das meinte der Buddha auch nicht: sich selbst ins Unglück stürzen, damit andere glücklich sind. Sie haben sich selbst gegenüber eine Verantwortung! Richtig leben heißt nur: Zerstören Sie nicht absichtlich, was um Sie herum lebt und wächst. Respektieren Sie die Unversehrtheit Ihrer Mitmenschen und der Natur. Sie sind schließlich ein Teil davon.

6. Man soll den Alltag auf die richtige Weise gestalten (und häufig meditieren sowie fleißig, wach und bewusst sein)

Viel meditieren, bewusst leben, nicht träge sein – wunderbar. Sie werden es weit bringen. Sie werden gesund, ruhig, erfolgreich und beliebt. Aber zwingen Sie sich nicht. Wenn Sie nicht der Typ sind, der sich hinsetzen und meditieren kann, dann gehen Sie stattdessen eben eine Stunde im Wald spazieren. Reicht als »Alltagsmeditation« vollkommen.

Außerdem meint dieser Punkt des Achtfachen Pfades Geduld und Gelassenheit. Auch keine schlechten Eigenschaften. Gut für Ihre Gesundheit und Ihre Mitmenschen!

7. Man soll achtsam sein (alles bewusst tun)

Die berühmte Achtsamkeit … Der Zen-Mönch, der den Hof kehrt, Sie kennen das. Im Augenblick leben und bewusst tun, was man tut. Eines der Zen-Gebote, deshalb dazu später mehr.

8. Man soll sich um die Sammlung des Geistes bemühen (Kontemplation, Versenkung, tiefe Meditation)

In der schriftgetreuen Buddhismusforschung die »ganzheitliche Einswerdung aller Bewusstseinsvorgänge im Geistgrund, aus welcher die unbeschreibliche Seligkeit der Einheit im Ganzen erwächst, in der das Ich sich völlig losgelassen hat«[5]. Ist so schwierig, wie es klingt, und bleibt jenen vorbehalten, die den Weg des Buddha schon jahrelang gehen. Die Sammlung des Geistes setzt nach entsprechend langer Übungszeit im Praktizierenden besondere Kräfte frei und hat starke Auswirkungen auf Körper und Seele, die gesteuert werden müssen; so kann sie beispielsweise zur Trance führen. Aus diesem Grund soll sie nur unter Anleitung eines Lehrers geübt werden.

Ein bisschen Buddhismus

Damit wir uns nicht falsch verstehen: Wenn Sie Buddhistin sind oder werden, möglicherweise sogar in einen Nonnenorden eintreten wollen, dann leben Sie ruhig getreu der wörtlichen Auslegung von Gautamas Lehre. Ich wäre die Letzte, die Ihnen das ausreden würde – schließlich habe ich selbst jahrelang so gelebt. Der Punkt ist nur: Wenn Sie lediglich ein bisschen Buddhismus wollen, ist das auch in Ordnung. Sie dürfen! Der Buddha wäre der Erste, der Ihnen das gestattet hätte.

> Jeder Tag ist ein guter Tag.
>
> **Zen-Sprichwort**

Vom Buddha zum Zen

Die Vier Edlen Wahrheiten und der Achtfache Pfad – davon sollten Sie mal gehört haben, finde ich, selbst wenn Sie nur ein bisschen Buddhismus wollen. Mehr Theorie braucht es vorerst nicht. Aber ein wenig Geschichte wäre nicht schlecht, damit Sie das, wovon im folgenden Teil die Rede sein wird, zeitlich zumindest grob einordnen können.

Gautama, der Buddha

Gautama wurde um 560 v. Chr. als Sohn eines reichen Verwaltungsbeamten im heutigen Südnepal geboren. Die Mutter starb sieben Tage nach seiner Geburt, wie es der Legende zufolge bei einem Buddha »vorgesehen« ist, ihre Schwester übernahm die Erziehung. Neunundzwanzig Jahre lang lebte Gautama in Pracht und Luxus und verschwendete kaum einen

Gedanken an die triste Realität der Menschen außerhalb des väterlichen Palastes. Er wurde mit einer Cousine verheiratet, erlernte den Gebrauch verschiedener Waffen und hätte wohl dereinst die Nachfolge seines Vaters angetreten, wenn ihn nicht eine Frage gequält hätte: Da alles vergänglich war – waren dann nicht auch sein Reichtum, seine Jugend, seine Gesundheit vergänglich?

Zweifel begannen ihn zu plagen. Was zählte Freude, wenn sie im nächsten Moment in Trauer umschlagen konnte? Was zählte Glück, wenn darin auch das morgige Leid schon angelegt war? Gab es denn nicht irgendetwas, das frei von Leid war? Etwas, das immer bleiben, immer andauern würde?

Um Antworten zu finden, beschloss Gautama, die Welt außerhalb des Palastes kennenzulernen. Dort jedoch begegnete er nur Leid – Krankheit, Armut, Hunger, Tod. Sein erster Gedanke war, dass die einsame Askese, wie sie von den Brahmanen bekannt war, vom Leid erlösen würde. Also verließ er Frau, Kind, Palast, zog jahrelang als »hausloser« Bettler durch die Lande, ließ sich von bekannten Yogis, Mystikern, Asketen unterrichten – und erreichte sein Ziel nicht.

Erst eine neunundvierzigtägige Meditation führte ihn auf den richtigen Weg und brachte die »Erleuchtung«, das »Erwachen« (das Sanskritwort *Buddha* bedeutet »der Erwachte«). Falls Sie sich gefragt haben, weshalb die Meditation im Buddhismus so wichtig ist, kennen Sie nun den Grund.

Etwas anderes freilich wurde dem Buddha in diesen Wochen auch bewusst: Genauso wenig, wie das Leben im Luxus zur Erleuchtung führen kann, gilt das für die Askese, die Selbstkasteiung. Nicht die Extreme sind der Weisheit letzter Schluss, sondern der Weg dazwischen – der buddhistische »Mittlere Weg«. Die Extreme verblenden, verschütten das Potenzial, über das jeder Mensch verfügt.

Von nun an zog der Buddha durch das heutige Indien, sammelte immer mehr Anhänger um sich und hielt seine großen Reden, bei denen er seine Erkenntnisse vor zuweilen Tausenden von Menschen darlegte.

Bodhidharma und das chinesische Zhan

Einer der wichtigsten Buddhisten der ersten Jahrhunderte nach der Zeitenwende war der Inder Bodhidharma. Er begab sich um 520 nach China und machte dort in den folgenden Jahren die buddhistischen Meditationsmethoden (Dhyana, »Versenkung«) bekannt. Von Bodhidharma ist überliefert, dass er im Shaolin-Kloster im Norden Chinas neun Jahre lang vor einer leeren Felswand meditierte. Er gilt als der Begründer des Zhan (chinesische Transkription von *dhyana*), einer Schule des chinesischen Buddhismus, die die Meditationspraxis in den Mittelpunkt stellte.

Nach Bodhidharmas Tod entwickelte sich das Zhan unter dem Einfluss von Daoismus und Konfuzianismus, den bedeutendsten chinesischen Lehren, weiter. Die indische Mystik verlor an Bedeutung, der weitschweifige indische Mahayana-Buddhismus wurde entschlackt und auf die wesentlichen Elemente zurückgeführt. Das »absichtslose Handeln« und die

Meditationspraxis gewannen auf Kosten der schriftlichen Unterweisungen immer mehr an Bedeutung.

Im Zhan entstand erstmals auch die Überzeugung, dass Erleuchtung nach entsprechend langer Praxis durch die alltäglichsten Beschäftigungen oder Begebenheiten möglich sei – »eine Handbewegung, eine Ohrfeige, ein Ballwurf, [...] ein Beinbruch, ein herabfallender Ziegelstein oder das Ausblasen einer Kerze«[6]. Lösung aus Abhängigkeiten, innere und äußere Freiheit, Selbständigkeit und ein starker Realitätsbezug wurden im Zhan nun immer wichtiger.

Das japanische Zen

Im 13. Jahrhundert brachten japanische Mönche das Zhan von China in ihre Heimat. Rasch entstanden die ersten Zen-Klöster, die bald zum Zentrum des kulturellen und geistigen Lebens Japans wurden.

Das Zen zog auch die japanischen Krieger an, die Samurai. Selbstdisziplin, innere Reinigung, Beharrlichkeit und Genügsamkeit – das entsprach ganz dem Geschmack dieser Militäraristokraten, die den Idealen Loyalität, Ehrgefühl und Furchtlosigkeit huldigten. Vor allem das spontane, absichtslose Handeln, das nicht mehr logisch-intellektuell ablief und das Zen-Meister so gut beherrschten, hatte es ihnen angetan. Ohne zu überlegen, welchen Schlag oder Schritt man als Nächstes ausführte, sondern intuitiv und urplötzlich zu agieren, machte sie ihren Gegnern überlegen. Wohlgemerkt: Die Samurai waren keine Zen-Krieger. Sie nutzten die Segnungen der Zen-Praxis lediglich für ihr Kriegshandwerk.

Von dieser männlich-aggressiven Seite, die die Geschichte des Zenbuddhismus seitdem begleitet, überlebte vor allem das Bogenschießen. In Deutschland wurde es durch Eugen Herrigels Klassiker *Zen in der Kunst des Bogenschießens* bekannt. Wenn Sie dieses Buch gelesen haben, wissen Sie aber, dass es nichts mit Machotum oder Kriegspielen zu tun hat. Es ist die faszinierende Schilderung von der Begegnung eines Westlers mit den Mysterien des Zen und absolut lesenswert.

Auch die japanische Kultur prägte das Zen maßgeblich: Kalligraphie, Tuschemalerei, Haiku-Dichtung, Blumenstecken, Gartengestaltung, Teezeremonie und viele andere Ausdrucksformen waren und sind in ihrer höchsten Vollendung durch und durch Zen, weil sie aus dem Geist des Augenblicks und eben spontan-absichtslos entstehen.

Frauen im Buddhismus

Von den Traditionen geprägt

Es klang schon an, und wir müssen noch einmal darüber reden: Gautama und die Frauen – man kann nicht behaupten, dass dies im Hinblick auf die Gleichberechtigung eine über jeden Zweifel erhabene Beziehung gewesen wäre.

Wie alle Weltreligionen war der Buddhismus über Jahrhunderte patriarchalisch organisiert. Die Gründe dafür liegen in erster Linie in sozialhistorischen Umständen. In den Gesellschaften des fernen Ostens vor der Zeitenwende war die Rolle der Frau klar umrissen, und Gautamas urbuddhistische Schule übernahm die entsprechenden Vorstellungen. Seine stille Revolution vollzog sich im spirituellen und gesellschaftlichen, nicht so sehr im Gender-Bereich. Natürlich, er lehnte das Kastensystem und andere wesentlichen Säulen der damaligen Gesellschaft ab. Doch seine Sicht der Frau basierte zumindest in den ersten Jahren seiner Buddhaschaft auf den Traditionen, wie er sie in seinem knapp dreißigjährigen Leben vor der Erleuchtung kennengelernt hatte. Frauen galten »als Eigentum ohne irgendwelche eigenen Rechte«[7].

Nicht dass er es dem weiblichen Geschlecht gegenüber an Respekt hätte fehlen lassen – das hätte den Grundzügen seiner Lehre von Toleranz und Altruismus zutiefst widersprochen. Doch stellten Frauen für ihn erst einmal eine Gefahr dar, weil er sie als Versuchung für die Mönche sah:

> *Mönche, ich kenne keine andere Gestalt, die den Geist eines Mannes so fesselt wie die Gestalt einer Frau. Die Gestalt einer Frau, Mönche, schlägt den Geist des Mannes in Fesseln.*[8]

Aus diesem Grund sperrte sich Gautama lange gegen die Gründung eines Nonnenordens. Ein kurzer Dialog mit seinem Lieblingsschüler Ananda zeigt, mit welcher fast panischen Striktheit der Umgang zwischen Mönchen und Frauen abzulaufen hatte:

Ananda: »Wie sollen wir uns den Frauen gegenüber benehmen?«
Der Herr: »Sie nicht sehen!«
Ananda: »Und wenn wir sie sehen müssen?«
Der Herr: »Nicht mit ihnen sprechen!«
Ananda: »Und wenn wir mit ihnen sprechen müssen?«
Der Herr: »Unsere Gedanken scharf unter Kontrolle halten!«[9]

Wie die tibetische Nonne und Lehrerin Sakya Jetsun Chimey (geb. 1938) berichtet, heißt es im Mahayana-Buddhismus, dem das Zen zugerechnet wird, Frauen hätten »mehr Begierden, alle möglichen wilden Gedanken und würden zudem zu Zweifeln neigen«. Aus diesem Grund sei es für sie schwieriger, Erleuchtung zu erlangen, also zum Buddha zu werden. Trotz solchen Unfugs galten dem Buddha alle Menschen, inklusive Frauen, als gleich: »Nichts in den Schriften weist darauf hin, dass er Männer lieber lehrte als Frauen.«[10]

Sakya Jetsun Chimey ist ein wundervolles Beispiel dafür, wie sehr sich auch im Buddhismus die Verhältnisse geändert haben. Sie wird im Tibetischen Buddhismus als Lehrerin größter Weisheit geachtet und gehört zu den wenigen Frauen, die die Lamdre-Lehren weitergeben dürfen, einen alten tantrayanischen Lehrzyklus höchster Schwierigkeit. Und selbst die herausragendsten zeitgenössischen männlichen Lehrer des Tibetischen Buddhismus waren sich nicht zu gut, sich von ihr unterweisen zu lassen. Übrigens ist sie auch in anderer Hinsicht beispielhaft: Sie ist verheiratet, Mutter von fünf Kindern, hat einen bürgerlichen Beruf und ist zudem viel auf Lehrreisen in der ganzen Welt unterwegs.

Auch Tenzin Palmo (geb. 1943) gehört dem Tibetischen Buddhismus an, stammt jedoch aus England. Sie berichtet in ihrer Lebensgeschichte *Das Licht, das keinen Schatten wirft*, wie rigide sie anfangs in den Klöstern von den Mönchen ausgegrenzt wurde, weil sie eine Frau war. Noch zu ihrer Zeit, also in den Sechzigerjahren des vergangenen Jahrhunderts, galten Frauen vielen Mönchen als unrein und ihr Körper als für die Buddha-Lehre ungeeignetes »Gefäß«.

Ein Nonnenorden kam für Gautama nicht in Frage. Erst seine Tante und Stiefmutter, die ihn nach dem Tod der leiblichen Mutter aufgezogen hatte, und Ananda konnten ihn schließlich überreden, neben Männern auch Frauen zu ordinieren. Die Skepsis blieb: Für die (wenigen) Nonnen der ersten Jahrzehnte galten strengere Regeln als für die Mönche, und sie waren ihnen im Rang nicht gleichgestellt.

So what?

Auf die Gefahr hin, dass ich mich wiederhole: *So what?* Auch ein Buddha kann sich mal täuschen. Die essenziellen Erkenntnisse Gautamas über das Leben, das Menschsein, über Glück und Leid verblassen angesichts patriarchalischer Irrtümer nicht ein bisschen in ihrer Bedeutung. Also, nicht aufregen, sondern kritisch teilhaben. Erobern Sie sich den Buddhismus!

Als Frau, als Westlerin, als Mensch. Der Buddha im Himmel über Ihnen senkt mit einem Lächeln der Entschuldigung den Kopf und freut sich dran.

ZEN-Gebote für moderne Frauen

1. Du sollst im Hier und Jetzt leben
2. Du sollst Achtsamkeit üben bei allem, was du tust
3. Du sollst authentisch nach deinen Gefühlen leben
4. Du sollst dich selbst lieben
5. Du sollst lernen loszulassen
6. Du sollst ehrlich sein zu dir und anderen
7. Du sollst bewusst mit deinen Wünschen umgehen
8. Du sollst Verantwortung für dich und die Welt übernehmen
9. Du sollst dem Fluss des Lebens keinen Widerstand entgegensetzen
10. Du sollst inneren Frieden finden

1. Gebot: Du sollst im Hier und Jetzt leben

Die Wirklichkeit in der Zwiebel

Das Leben berühren

Zugegeben: Ein schlichtes, häufig strapaziertes und irgendwie auch ein bisschen banal klingendes Gebot. Im Hier und Jetzt leben. Na ja. Hört sich nach Küchenpsychologie an, nach weich gespültem New-Age-Geschwätz, nach dem penetranten Gebrüll geistloser Erfolgsseminargurus. Nach Esoterik-Müll, stöhnte eine Teilnehmerin bei einem meiner Zazen-Workshops. Recht hatte sie, irgendwie. Kein Boulevardblatt, das nicht alle paar Wochen in niveaulosen Kurzsätzen mit vielen Ausrufezeichen zum »Leben im Hier und Jetzt« aufrufen würde. Sogar die alten, verstaubten Römer hatten ihr *carpe diem*, »genieße den Tag«. Eine Binsenweisheit also.

Vergessen Sie das alles. Schälen wir die Zwiebel, deren Schichten all den schrecklichen Fehlinterpretationen, oberflächlichen Auslegungen, der bewussten Aufweichung und Popularisierung dieser grundlegenden buddhistischen Aufforderung entsprechen. Dann stoßen wir auf einen einfachen Gedanken tiefster Weisheit, den umzusetzen richtig schwer ist. Aber eben lohnenswert.

In unserem 1. Zen-Gebot geht es nicht um Erfolg, ums Genießen, ums Glücklichsein im Jetzt, sondern um etwas ganz anderes: um die Wirklichkeit.

Wo leben Sie? Im Gestern? Im Morgen? Oder aber im Heute? Richtig. Das Vergangene ist vergangen, hat der Buddha gesagt, und das Zukünftige ist noch nicht eingetroffen. Das Leben rauscht ungelebt und ungesehen an Ihnen vorbei, wenn Sie sich nicht im Heute verankern. Nur das Jetzt ist die Wirklichkeit, nichts anderes! Der große vietnamesische Zen-Meister Thich Nhat Hanh hat es auf eine wunderbar poetische Weise ausgedrückt: »Denn der gegenwärtige Augenblick ist der einzige Moment, in dem ihr das Leben berühren könnt. Das Leben steht uns nur im gegenwärtigen Augenblick zur Verfügung.«[11]

Wer nicht in der Gegenwart lebt, kann die Dinge und Ereignisse nicht wahrnehmen, wie sie sind. Nicht das Ziel oder der Lebenstraum, an die Sie denken, sind wirklich. Nicht ein Moment vor drei Tagen oder fünf Jahren – den haben Sie längst durch den Erinnerungsfilter gejagt und damit verändert. Und: Er ist definitiv *vergangen*. Wirklich ist nur das, was gerade ist. Was vor Ihren Füßen liegt. Sie sind in jeder Sekunde aufgefordert, auf das zu reagieren, was *jetzt* ist.

Im Zen heißt es, im Jetzt und seiner Wirklichkeit seien alle Zeiten enthalten – Vergangenheit, Gegenwart, Zukunft. Das Jetzt ist *alles* und damit vollkommen. Ein schöner Gedanke, nicht wahr? Leider ist es verflixt schwierig, danach zu leben. Denn es ist nur allzu menschlich, den Blick aufs Gestern oder aufs Morgen zu richten.

Die wichtigsten Begriffe im Zen: Zazen

Die japanische Zen-Meditation heißt *Zazen*, »Sitzen in Versunkenheit«. Sie ist der ursprünglichste, aber auch härteste Weg zur Erleuchtung und die grundlegende Übung für alle, die es ernst meinen. Wenn Sie Ihren Geist nach und nach von Gedanken leeren und mit der Kaffeetasse vor Ihnen eins werden wollen, ist das Zazen der richtige Weg.

Das Morgen

Das Morgen, vom Heute aus betrachtet, ist eine reine Projektion. Oder können Sie hellsehen? Es setzt sich aus unseren Hoffnungen, Sehnsüchten, Einschätzungen, Ängsten, Sorgen von heute zusammen. Es ist durch und durch subjektiv und deshalb unendlich weit von der sogenannten Wirklichkeit entfernt, mit der wir morgen konfrontiert werden.

Dazu kommt: Indem wir das Morgen schon heute durchdenken, erleben wir es, wenn es schließlich da ist, vorbelastet. Es ist durch das Projizieren schon bewertet und mit Emotionen behaftet. Wir sind nicht mehr frei, weil es anders eintritt, als wir dachten. Es ist schlechter, besser, langweiliger, aufregender – jedenfalls anders. Und das heißt: Wir reagieren nicht aus unserem Inneren heraus adäquat auf das, was geschieht, sondern sind von unserer gestrigen Projektion determiniert. Wir sind unfrei! Wir reagieren nicht, wie es die Situation erfordert, sondern im Nachhall unserer Erwartungshaltung. Und das heißt doch: alles andere als angemessen!

Und letztlich zementieren wir unser Unbehagen gegenüber dem Morgen, das ja so wenig kontrollierbar und immer mit Unsicherheit verbunden ist. Die Angst vor dem Unbekannten! Wenn das Morgen besser ist als befürchtet, denken wir: Toll, Glück gehabt! Wenn es schlechter ist: Ich hab's ja geahnt, meine Sorgen waren berechtigt, und morgen kommt es bestimmt *noch* schlimmer.

Glück? Sorgen? Vergessen Sie eines nicht: Sie tragen die Weisheit von vielen hundert Jahren Menschheitsgeschichte in sich. Sie können mit *jeder* Situation umgehen, wenn Sie sich Ihrer Instinkte, Ihrer Fähigkeiten bewusst sind. Im Zen heißt es: In dir wie in jedem anderen menschlichen Wesen steckt das Potenzial, ein Buddha zu werden. In dir drin ist das Wahre-Wesen aller Dinge. In dir drin ist alle Weisheit, die du brauchst, um Erleuchtung zu erfahren. Denn die Buddha-Natur ist *deine ursprüngliche Natur*!

Die wichtigsten Begriffe im Zen: Buddha-Natur

Sie werden in diesem Buch immer wieder auf Begriffe wie »Buddha-Natur«, »Wahre-Wirklichkeit«, »Wahre-Natur«, »eigene Natur« stoßen. Sie meinen alle dasselbe: Jenes universale Wissen um die wirklichen Zusammenhänge, um die tatsächliche Beschaffenheit der Wirklichkeit, das in jedem von uns verborgen liegt. Dieses Wissen macht uns zu potenziellen Buddhas, ermöglicht uns allen die Erleuchtung. Wenn wir es erkennen und realisieren, sehen wir die Dinge, wie sie wirklich sind. Unser Blick ist dann nicht mehr verzerrt durch aufgewühlte Emotionen, Ängste und Befürchtungen, und wir verwechseln die Dinge nicht mit unseren Gedanken über sie, mit Bildern, gedanklichen Verkürzungen und abstrakten Begriffen

wie die Autorin und Meditationslehrerin Sylvia Wetzel in ihrem schönen Buch *Das Herz des Lotos* (das ich allen Frauen empfehle, die sich für Buddhismus aus kritischer und eher feministischer Sicht interessieren) schrieb.[12]

Nun, zur Erleuchtung oder gar zum Buddha müssen wir es ja nicht unbedingt bringen. Trotzdem: Verlassen Sie sich auf sich, auf das, was in Ihnen drin ist, unter all dem Angst- und Sorgen- und Erwartungsmüll, den man im Laufe eines Lebens so anhäuft. Ja, was morgen kommt, ist unbekannt, es ist unsicher, schlichtweg nicht zu kontrollieren. Aber in Ihnen stecken all die Fähigkeiten, die Sie brauchen, um damit klarzukommen.

Lassen Sie sich darauf ein. Trauern Sie, wenn Trauern angesagt ist – aber erst dann! Warum denn schon vorher? Wollen Sie unbedingt schon heute leiden, weil Sie für morgen ein trauriges Ereignis antizipieren? Freuen Sie sich, wenn schöne Dinge geschehen – nicht vorher, in der Hoffnung, etwas Schönes möge eintreten. Wenn's dann nicht so schön wird, wie Sie es erhofft oder erwartet haben, sind Sie enttäuscht und können überhaupt nicht mehr schätzen, dass es vielleicht *ein bisschen* schön ist. Ärgern Sie sich, wenn es was zum Ärgern gibt – doch um Himmels willen nicht schon vorher! Sie vergällen sich damit das Heute und nehmen die Jetzt-Wirklichkeit nicht mehr wahr!

Und so weiter: Kümmern Sie sich, wenn jemand traurig ist. Schweigen Sie, wenn Sie spüren, dass Schweigen sinnvoll ist. Ängstigen Sie sich, wenn Beängstigendes eintritt. Seien Sie diplomatisch, wenn ein Job, eine Beziehung auf dem Spiel steht. Aber erst dann! Tun Sie *dann, wenn etwas eintritt,* aus Ihrem Inneren heraus, was angemessen ist, nicht vorher! Eine richtigere Reaktion als die, die in Ihrem Innersten Impulse gibt, existiert nicht. Vertrauen Sie sich!

Aber das klappt nur, wenn Sie aufhören, jedes Morgen an jedem Heute durchzudenken. Weg mit der Angst vor dem Unbekannten, das da auf Sie zukommt! Weg mit den Erwartungen! Mit den Projektionen! Lassen Sie das Träumen von einer besseren Zukunft! Vom Träumen wurde noch nie ein Leben toll. Das Morgen schon heute zu durchdenken, bringt nur Leid – heute oder morgen oder übermorgen. Lernen Sie, adäquat auf das zu reagieren, was kommt, *wenn* es kommt, indem Sie das Heute leben, nicht das Morgen. *Dann* wird das Leben »besser«. Denn wenn Sie sich auf das Heute einlassen, lernen Sie für das Morgen.

Gut, »weg damit« ist vielleicht falsch ausgedrückt. Sie sollen Ihr Unbehagen vor dem Morgen ja nicht verdrängen, und von einem Moment auf den nächsten wird es nicht verschwinden. Integrieren ist das Zauberwort. Von Osho/Bhagwan, den ich ansonsten wenig schätze, ist ein schöner Satz überliefert, der es genau trifft: Mut bedeute, mit seinen Ängsten ins Unbekannte aufzubrechen.

Also: Brechen Sie auf!

Aber natürlich erst, wenn es Zeit ist aufzubrechen.

Das Gestern

Machen wir uns nichts vor: Kaum etwas ist schwieriger, als Vergangenes vergangen sein zu lassen und *nicht* im Gestern zu leben. Dafür scheinen wir Menschen nicht gemacht zu sein. Vor allem wir Frauen, behaupte ich mal.

Wir (Menschen) können nicht vergessen. Permanent erinnern wir uns, stehen mit einem Fuß in der Vergangenheit. Und die Gegenwart? Na ja, die Gegenwart. Passiert weitgehend unbeachtet, weil wir doch so viel mit der Vergangenheit beschäftigt sind. Dabei bringt auch das in aller Regel nur eines: Leid. Ach, war das Leben in dieser oder jener Stadt, in dieser oder jener Phase schön! Mit diesem oder jenem Mann! Als die Kinder noch klein und süß waren! Und jetzt ist alles anders und eben nicht mehr schön ...

Manchmal sind wir regelrecht fixiert auf die Vergangenheit, nämlich dann, wenn unser Ego angekratzt ist. Hand aufs Herz! Besonders verflossene Frauen unseres Ehemannes oder Lebenspartners haben es uns angetan. Waren sie besser, schöner, größer, intelligenter als ich? Waren sie genauso wie ich oder ganz anders? Wird er mich bald verlassen, weil er irgendwann erkennt, dass er eigentlich wieder so eine will? Und wie kann ich mit ihm nach London fahren, wo er doch mit A in

London war? Was bedeutet es schon, wenn er sagt, er liebe mich? Schließlich hat er das sicher auch zu B, C und D gesagt. Also bin ich nichts Besonderes für ihn, nur eine in einer langen Reihe! Irgendeine X-Beliebige!

Mit solchen Problemen habe ich mich lange Zeit herumgeschlagen. Die Verflossenen meiner Partner geisterten mir durchs Hirn und weckten meine Eifersucht. Und natürlich sorgte das für Streit. Verlangen Sie mal von einem Mann, er soll zu Ihnen nur noch Dinge sagen, die er zu keiner anderen Frau gesagt hat. Mit Ihnen nur noch Dinge tun, die er noch nie mit einer anderen getan hat. Wenn er ein Besonderer ist, wird er sich die Zeit nehmen, mit Ihnen darüber zu reden, Ihre Sorgen zu entkräften, wird sich der unbegründeten Eifersucht aussetzen, solange er es eben erträgt. Wenn er ein Normaler ist, wird er Ihnen raten, eine Therapie anzufangen, und sich damit aus der Affäre ziehen. Die anderen werden Sie für verrückt oder hysterisch erklären oder verlangen, dass Sie sich »zusammenreißen«. Streiten werden Sie in jedem Fall.

Und leiden.

Aber was viel schlimmer ist: Nicht Sie bestimmen dann, was in Ihrem Leben passiert. Sie lassen es zu, dass Sie von der Vergangenheit bestimmt werden. Von einer anderen Frau! In London war er mit A? Na, dann fahre ich mit ihm eben nicht dorthin – obwohl ich eigentlich so gern mal nach London fahren würde.

Sie verstehen, was ich meine.

Schließen Sie irgendwann Ihren Frieden mit der Vergangenheit – Ihrer und der Ihres Liebsten. Setzen Sie sich eine Weile damit auseinander, verarbeiten Sie, aber dann muss eben auch Schluss sein. Mit dem Blick nach hinten lässt sich nicht nach vorn leben. Lassen Sie sich nicht fremdbestimmen. Stärken Sie Ihr Selbstbewusstsein. Nehmen Sie Ihr Leben in die eigene Hand. Fühlen, handeln und sprechen Sie authentisch. Der Buddha in Ihnen mit all seiner Weisheit kann ja gar nicht zum Zuge kommen, solange Sie in Vergangenes verstrickt sind – Sie würden ihn nicht wahrnehmen.

Und das wäre doch schade.

Das Ur-Antlitz des Zen

Wer Erleuchtung erlangt, so heißt es im Zen, der erkennt das Wahre-Wesen, die eigene Natur. Er (sie) realisiert das Buddha-Potenzial in sich und kehrt damit für immer in einen Zustand vollkommener Unschuld und Nicht-Vorbelastetheit zurück. Er schaut das so genannte Ur-Antlitz, das auch »Antlitz eines neugeborenen Mädchens« oder »erste Natürlichkeit« heißt. Damit ist die Unschuld gemeint, die uns allen als Neugeborenes eigen ist, die wir aufgrund unserer Verblendung und Unwissenheit jedoch bald verlieren.

Denken Sie immer daran: Das ist der Idealzustand. Zu der Unschuld des Neugeborenen zurückzukehren, das nicht ins Gestern verstrickt war und sich nicht vor dem Morgen sorgte, sondern vollkommen im Jetzt war. Denn wie Thich Nhat Hanh sagt: »Unser wahres Heim ist im Hier und Jetzt.«[13]

Nicht nur das: Auch die Freiheit, das Glück, die Unbeschwertheit sind im Hier und Jetzt – und damit Gesundheit und innere Stabilität.

Die wichtigsten Begriffe im Zen: Satori

Satori (wörtlich »Erkenntnis«) ist die »Selbst-Wesensschau« und das (absichtslose!) Ziel jeder Zen-Praxis. Wenn Sie Satori erlangen, haben Sie – um es banal auszudrücken – die Erleuchtung erlangt. Sie sind zu Ihrem eigenen Wesen erwacht, das persönliche Ich ist verschwunden. Alles ist eins und zugleich nichts.

Übungen zum 1. Gebot

1. In den Workshops, die ich beispielsweise auf meinen Reisen anbiete, praktizieren wir immer das Kinhin, eine Gehmeditation des Zen, die man zu unterschiedlichen Zwecken nutzen kann. Wir gehen langsam im Kreis, die Augen sind geöffnet, der Blick gleitet zwei Meter vor den Füßen auf dem Boden mit. Die Hände liegen vor dem Solarplexus ineinander, eine ist zur lockeren Faust geformt, die andere umfasst sie. Der Rücken ist gerade, die Schultern locker. Der Atem geht ruhig, langsam und tief. Wir setzen die Ferse auf, dann rollen wir den Fuß in einer gleichmäßigen, sanften Bewegung ab, legen das Gewicht auf den Ballen und heben die Ferse an. Nun folgt der nächste Schritt.

Wenn wir das Kinhin praktizieren, um uns besser in der

Gegenwart zu verankern, konzentrieren wir uns auf jeden einzelnen Schritt. Denken Sie nicht an den vorhergehenden oder an den folgenden, achten Sie nur auf den, den Sie gerade ausführen. Spüren Sie in die körperlichen Eindrücke hinein, wenn Sie den Fuß aufsetzen, den Boden berühren. Nehmen Sie nur diesen einen Schritt und alles, was mit ihm zusammenhängt, wahr. Nichts anderes zählt. Kein Vorher, kein Später, nur das Jetzt.

2. Machen Sie sich immer mehr bewusst, wenn Sie in Gedanken – bei der Arbeit, zu Hause, wo und wann auch immer – von der Gegenwart in die Vergangenheit oder die Zukunft abgleiten. Versuchen Sie herauszufinden, warum Sie das Jetzt verlassen. Angst vor dem, was kommt? Trauer wegen eines Ereignisses in der Vergangenheit? Das hieße wohl, Sie haben es noch nicht verarbeitet. Nehmen Sie sich die Zeit, um das nachzuholen, aber grenzen Sie sie ein: eine halbe Stunde, eine Stunde. Dann lösen Sie sich davon und kehren in die Gegenwart zurück.

3. Und noch eine mentale Übung empfehle ich Ihnen: Gehen Sie vorbehaltlos an Ereignisse heran. Klar: Vermutlich haben Sie das meiste, das passiert, schon mal erlebt, und es ist in irgendeiner Form eine Wiederholung – Liebe, Streit, Job, ein Gespräch oder ganz einfach nur die Entgegennahme der Paketpost. Versuchen Sie trotzdem, alles in seiner Einzigartigkeit wahrzunehmen. Selbstverständlich unterscheidet sich auch

das, was zum x-ten Mal geschieht, von den zahllosen Vorgängern. Nichts geschieht exakt auf dieselbe Weise. Also, erleben Sie alles als neu. Das hilft zum einen, sich von Vorstellungen und Erwartungen, die aus der Vergangenheit resultieren, zu lösen. Zum anderen können Sie sich ganz auf das Ereignis einlassen und es in seiner Einzigartigkeit wertschätzen.

2. Gebot: Du sollst Achtsamkeit üben bei allem, was du tust

Das 7. Glied

Nur das Gesehene, nur das Gehörte, nur das Gedachte

Sie erinnern sich, das 7. Glied des Achtfachen Pfades: Achtsam sein, bei allem, was man tut. Kaum ein mentaler Zustand verkörpert die Haltung des Zen-Meisters (oder auch -Schülers) besser als die Achtsamkeit, die nur den durchfließt, der sich ganz im Hier und Jetzt verankert hat. Sie ist die Voraussetzung für jede tiefere Einsicht, die Grundlage für jene intuitive Erkenntnis der eigenen inneren Buddha-Natur, die der Erleuchtung vorausgeht.

Wie wichtig Achtsamkeit schon dem Buddha war, verdeutlicht folgendes Zitat:

Bei dem, was gesehen wird, darf es nur das Gesehene geben; bei dem, was gehört wird, darf es nur das Gehörte geben; bei dem, was empfunden wird (wie bei Geruch, Geschmack, Berührung), darf es nur das Empfundene geben; bei dem, was gedacht wird, darf es nur das Gedachte geben.[14]

An anderer Stelle bezeichnete der Buddha die Achtsamkeit als *einzigartigen Weg zur Reinigung der Wesen, zur Überwindung von Kummer und Jammer, zur Vernichtung von Leiden und Elend, zur Erreichung der rechten Lebensführung, zur Verwirklichung des Verlöschens [d.i. das Erreichen des Nirvana].*[15]

Single-tasking

Achtsamkeit ist das Gegenteil von Multi-tasking. Sie sind stolz darauf, dass Sie gleichzeitig bügeln, telefonieren, fernsehen und den Topf auf dem Herd überwachen können? Dass Sie im Büro gleichzeitig an mehreren Dingen arbeiten und auch noch ein Gespräch mit dem Kollegen führen und die Pflanzen gießen können? Klar, das ist sehr modern und zweifelsohne beeindruckend. Aber es führt Sie immer weiter von sich selbst weg. Es fördert die innere Unruhe, die Hektik, die Unkonzentriertheit, das Gefühl, überfordert zu sein, schwächt das Immunsystem, erhöht die Anfälligkeit für Fehler. Wer nicht konzentriert arbeitet, wird irgendwann auch keine guten Ergebnisse mehr abliefern.

Single-tasking ist das Zauberwort!

Oder eben Achtsamkeit.

Achtsamkeit bedeutet, dass Geist, Körper und Seele vollkommen miteinander verbunden, eins sind. Alle Wachheit, Bewusstheit, Konzentration ist auf den einen Gegenstand gerichtet, den Sie gerade in der Hand halten, die eine Tätigkeit, die Sie gerade ausführen, den einen Gedanken, den Sie gerade denken, das eine Wort, das Sie gerade sagen. Welchen Respekt

Sie der Tätigkeit, dem Gedanken, dem Wort damit erweisen! Einfach nur, indem Sie ganz da und fokussiert sind.

> Wie leben sie so unachtsam,
> All die unwissenden Toren,
> Doch du bewache deine Achtsamkeit
> Als deinen kostbarsten Schatz.
>
> **Aus der buddhistischen Lehrsammlung *Dhammapada*[16]**

Achtsam zu sein kann und muss geübt werden, am besten durch Meditation und am besten ohne die Absicht, achtsam zu werden. Achtsamkeit stellt sich irgendwann während der Meditationspraxis ein, sozusagen als willkommenes Nebenprodukt, und genau das verlangt der Zen-Buddhismus: keine Zielorientierung, kein Suchen! Aber wir haben ja beschlossen, in diesem Büchlein nachsichtig zu sein und alle Fünfe gerade sein zu lassen. Anfangs können wir nicht anders. Wir nehmen uns vor, so achtsam wie möglich zu sein. Und das hilft. Mehr und mehr sind wir ganz spontan achtsam.

Natürlich hat die Achtsamkeit so ihre Tücken – sie will eigentlich gar nicht in unser Lebensmuster hineinpassen. Voraussetzungen, um achtsam zu sein, sind Entspanntheit und Gelassenheit. Aber überprüfen Sie sich selbst: In den Momenten, in denen Sie entspannt und gelassen sind, überkommt Sie oft Müdigkeit, und Sie sind unaufmerksam, vielleicht weil Sie von einem langen Tag erschöpft sind. In den wachen Momenten dagegen sind Sie oft angespannt, voller Tatendrang,

Energie, wollen in die Welt hinaus – das Gegenteil von Entspanntheit und Gelassenheit. Sie müssen also das Kunststück schaffen, in entspannten Momenten achtsam und konzentriert zu sein, obwohl Ihnen eigentlich nach Unaufmerksamkeit zumute ist.

Komprimierte Präsenz

Sie müssen keine Zen-Meisterin werden, um achtsam leben zu können. Auch ich als Laiin erlebe immer wieder Momente tiefster Achtsamkeit, genauso wie Zen-Anfängerinnen, die im Urlaub in einem Hotel einen meiner Workshops besuchen. Nichts ist schöner als ein solcher Augenblick, denn man nimmt die Achtsamkeit als ungeheuer mächtige, positive innere Energie und Kraft wahr. Achtsamkeit ist komprimierte Präsenz, die es erst ermöglicht, die Wirklichkeit in all ihrer Tiefe und Schönheit zu erleben. Ich möchte sogar sagen: Achtsam zu leben heißt, vollendet zu leben und innerlich wirklich frei zu sein.

Wer achtsam ist, kann richtig sehen und genießen, weil er die Wirklichkeit in ihrer Vielfalt und ohne eigene Projektionen sieht. Das Müsli schmeckt dann besser, als wenn man es nebenbei hinunterschlingt, ein Gespräch verläuft intensiver, als wenn man in Gedanken abschweift, ein Bergpanorama ist großartiger, als wenn man den Blick nur rasch darüber gleiten lässt. Wer achtsam lebt, der sieht, hört, fühlt, schmeckt mehr. Er schläft besser, weil er eben »nur« noch schläft. Die Träume beruhigen sich, der Schlaf wird tiefer.

Doch das ist nicht alles. Das Zen sagt, wer achtsam lebt, der wird zu dem, was er achtsam tut. Er wird die Handlung und der Gegenstand, das Wort, der Gedanke – er hat den Dualismus überwunden.

Die wichtigsten Begriffe im Zen: Dualismus

Ein wenig Theorie muss sein! Denn darum geht es im Zen letztlich: die dualistische Weltsicht zu überwinden. Voraussetzung dafür ist, die Vorstellung, es existiere ein Ich, abzulegen. Wo ein Ich, da ein Du – und schon sind Sie mittendrin in der Welt der dualistischen Gegensätze. Schlimmer noch: Sie glauben, das, was Sie wahrnehmen, wäre wirklich. Dabei handelt es sich nur um Ihre Projektionen! Ihr Geist schafft das Bild dessen, was Sie wahrnehmen. Und das sieht bei Ihnen logischerweise anders aus als bei Ihrem Mann oder bei mir. Was hat das also, mal ganz ehrlich, mit der Wirklichkeit zu tun? Mit Objektivität?

Diese »verfälschte« Sicht auf die Welt verhindert, dass Sie die Wirklichkeit wahrnehmen, wie sie ist. Wenn Sie an ein Ich und ein Du glauben, erleben Sie sich getrennt und unabhängig von allem anderen. Sie definieren sich über die Abgrenzung und glauben, Sie müssten sich (also Ihr Ich) gegen das außerhalb von Ihnen Stehende (also alles andere) verteidigen. So entstehen Konfrontation, Begierde, Abneigung, Konkurrenz, Angst, Aggression.

Der Zen-Buddhismus ist in dieser Hinsicht strikt: Auch suchen oder ein Ziel anzustreben ist nicht »erlaubt«. Denn gäbe es einen, der sucht, dann gäbe es auch ein Gesuchtes – und das wäre purer Dualismus.

Achtsam zu leben heißt, dass man gelernt hat innezuhalten. Man lebt fortan, wenn man es so formulieren kann, innehaltend. In der Regel strahlen achtsame Menschen eine große Ruhe aus, eben weil sie innerlich zur Ruhe gekommen sind. Sie ruhen in sich, reiben sich nicht mehr in Kämpfen gegen das Gestern oder um das Morgen auf, im Widerstand gegen das Leben, in Stress, Hektik, Unkonzentriertheit. Nicht ohne Grund lesen wir bei Sogyal Rinpoche (dem Autor von *Das Tibetische Buch vom Leben und Sterben*), dass jemand, der wahrhaft präsent lebe, ein Buddha sei und Präsenz die »Buddha-Gegenwart«.[17] Sogyal Rinpoche wies auch darauf hin, dass der Dalai Lama unter tibetischen Buddhisten *kun dün* genannt werde, »Präsenz«. Gewahrsein, Präsenz, Achtsamkeit sind also hochbedeutsame Zustände und in allen Schulen des Buddhismus zentrale Begriffe!

Achtsamkeit kann man während der Meditation lernen und praktizieren. Doch den achtsamen Menschen zeichnet aus, dass er dauerhaft aus und in diesem Bewusstheitszustand lebt. Genau das meinte der Zen-Meister, der einem Schüler auf dessen Frage, wie er im täglichen Leben übe, antwortete: »Wenn ich esse, esse ich. Wenn ich schlafe, schlafe ich.« Nichts anderes zählt dann noch als das, was gerade getan wird. Schlafen. Essen. Putzen. Deshalb das Bild vom kehrenden Mönch als Ideal: In Achtsamkeit den Hof zu kehren ist leben in höchster Vollendung.

Zur Beobachterin werden

Achtsamkeit ist aber mehr, als »nur« mit größtmöglicher Präsenz und Aufmerksamkeit zu leben. Im Idealfall ist damit auch verbunden, allmählich zu lernen, in die Rolle der Beobachterin dessen zu schlüpfen, was in einem selbst geschieht. Gefühle und Gedanken kommen und gehen, ohne dass wir an ihnen »anhaften«. Wir sehen nur zu, nehmen nur wahr. Wir bewerten nicht mehr, was da in uns geschieht, sondern lassen es geschehen, während wir es aus der Distanz von Ruhe und Gelassenheit beobachten. Sylvia Wetzel beschrieb das wie folgt:

> *Es ist aber keine kalte Distanz, mit der wir uns vor Gefühlen abschotten. Es geht eher um ein offenes Gewahrsein, in dem alles sein darf: angenehme und unangenehme Gefühle, Bilder und Gedanken, Ruhe und Unruhe. Alles geschieht einfach und wird liebevoll wahrgenommen.*[18]

Warum das wichtig ist, und wie Sie es üben können, erfahren Sie, wenn ich Ihnen das 5. Gebot vorstelle – »Du sollst lernen loszulassen«.

Achtsamkeit ist gesund

Ganz abgesehen davon, dass Achtsamkeit innerlich frei und offen für die Wirklichkeit jedes Momentes macht, ist sie gesund. Der Verhaltensmediziner und Molekularbiologe Jon Kabat-Zinn hat schon Ende der Siebzigerjahre ein Achtsamkeitstraining in sein medizinisches Programm an der Uni von

Massachusetts aufgenommen. Er konnte nachweisen, dass Achtsamkeit bei bestimmten medizinischen Problemen hilft, wie Herzbeschwerden, Schmerzen, psychischen Krankheiten, aber auch zur Vorbeugung oder bei der Regeneration. Achtsamkeit entstresst. Der Patient entspannt besser, findet Distanz zum Geschehen und den eigenen Gedanken und Emotionen, wird ruhiger, entwickelt ein deutlicheres Gefühl für die eigene körperliche Befindlichkeit. Viele Krankenhäuser in den USA und Europa haben Kabat-Zinns »Stressbewältigung durch Achtsamkeit« (»Mindfulness Based Stress Reduction«) seitdem implementiert.

Achtsamkeit ist die Wurzel der Lehre.
Achtsamkeit ist der Mittelpunkt des Weges.
Achtsamkeit ist die Festung des Geistes.
Achtsamkeit ist der Freund selbst-erkennender Weisheit.
Ohne Achtsamkeit unterliegt ihr den negativen Kräften.
Ohne Achtsamkeit trägt euch die Faulheit davon.
Nicht-Achtsamkeit verursacht alle Fehler.
Nicht-Achtsamkeit bringt alles zum Scheitern.
Nicht Achtsamkeit ist wie ein Misthaufen.[19]

Nyoshul Khen Rinpoche, tibetischer Meister, 1932–1999

Übungen zum 2. Gebot

1. Eine sehr schöne Übung zur Achtsamkeit verdanke ich Volker Zotz, Buchautor, Uni-Professor und Buddhismusexperte. Er schlägt in seinem Buch *Mit Buddha das Leben meistern* vor, die Seiten achtsam umzublättern – die Handbewegung zu spüren, das Papier zwischen den Fingern zu fühlen, das Geräusch zu hören. Mit solchen scheinbar kleinen, einfachen Übungen schulen Sie Ihre Achtsamkeit, tun aber noch etwas Wichtiges: Sie verleihen Handlungen, die vermeintlich unbedeutend sind, Bedeutung. Machen Sie sich bewusst, dass nichts bedeutungslos ist. Am Beispiel Umblättern: Sie können kein Buch lesen, ohne umzublättern. Es scheint ein notwendiges Übel, ein Abfallprodukt des Lesens zu sein – und doch ist es viel mehr. Es ist ein Glied in der Kette der Dinge, der auch Sie angehören. Nichts kann ohne das andere existieren. Alles ist letztlich von gleicher Bedeutung.

2. Eine klassische Achtsamkeitsübung ist die Atembeobachtung. Achten Sie, wenn Sie meditieren oder in einem Moment der Ruhe entspannt dasitzen, eine Weile auf Ihren Atem. Verfolgen Sie in Gedanken, welchen Weg er geht, wie er sich anfühlt, wo er gut strömt, wo er ein wenig stockt. Atmen Sie dabei ruhig und tief in den Bauch hinein.

3. Auch die Gehmeditation Kinhin, die ich Ihnen bei den Übungen zum 1. Gebot vorgestellt habe, ist eine schöne

Übung zur Schulung der Achtsamkeit. Konzentrieren Sie sich auf die Bewegungen Ihrer Füße, Ihres Körpers. Nehmen Sie wahr, was Sie auf körperlicher und mentaler Ebene empfinden, wenn Sie den einen Fuß absetzen, den anderen anheben, absetzen und so weiter. Wie fühlt sich der Boden an? Wie die Bewegung? Kommt Langeweile, Unlust, Unruhe auf? Zufriedenheit? Achten Sie auf alles, was sich in Ihnen abspielt.

4. Ansonsten empfehle ich Ihnen: Machen Sie es sich bewusst, wenn Sie in Gedanken von dem abschweifen, was Sie gerade tun. Finden Sie heraus, warum Sie abschweifen. Unkonzentriertheit kann ja darauf hinweisen, dass Sie mit manchen Dingen in Ihrem Leben unzufrieden sind. Dass Sie sich langweilen. Dass Sie irgendeine Sorge quält. Kommen Sie sich auf die Schliche, indem Sie sich auf Achtsamkeit überprüfen! Auch Unzufriedenheit oder Sorgen brauchen Achtsamkeit, ja Fürsorge.

Also: Werden Sie achtsam – und damit frei!

> Achtsam unter Achtlosen,
> Wach, wo andere träumen,
> Schnell wie ein Rennpferd,
> Eilt [man] den anderen voraus.
>
> **Aus der buddhistischen Lehrsammlung *Dhammapada*[20]**

3. Gebot: Du sollst authentisch nach deinen Gefühlen leben

Zen und Gefühle

Der ideale Mensch des Zen

Zen und Gefühle? Da kursieren viele falsche Vorstellungen, und ich stoße immer wieder auf Erstaunen, wenn ich Interessierten von diesem 3. Gebot erzähle. Verständlicherweise, muss ich zugeben.

Wenn man Zen-Buddhisten bei der Meditation oder in ihrem Alltag betrachtet, kommt man nicht so schnell auf den Gedanken, dass Zen sehr viel mit Gefühlsauthentizität zu tun hat. Eher mit der Unterdrückung von Gefühlen. Mit Selbstkasteiung. Unerhörter Disziplin. Strenge gegen sich selbst. Am ehesten, was Gefühle betrifft, noch mit Fröhlichkeit – Sie kennen die Statuen lachender Buddhas, haben sicherlich im Fernsehen schon Filme über Buddhisten gesehen, in denen viel gelacht wird. Aber Unzufriedenheit? Traurigkeit? Liebe? Hilflosigkeit? Angst? Ärger? All die Gefühle, mit denen wir Tag für Tag konfrontiert werden? Wo der Buddha doch die Begierden als Ursache allen Leidens sah und erklärte, dass Hass und Wut, sprich: Aggressionen, dem Glück diametral im Weg stehen? Ist für unsere ganz alltäglichen Gefühle trotzdem Platz im Zen?

Aber natürlich! Zen *ist* unsere Angst, unsere schlechte Laune, unsere Verzweiflung, unsere Aggression. Banal gesagt, ist die Zen-Praxis schlicht eine bestimmte Art, mit Gefühlen umzugehen. Man fühlt, ohne in den emotionalen Strudel hinabgezogen zu werden und kann das Gefühl nach einer Weile ziehen lassen, ohne »anzuhaften«. Man betrachtet es von innen, von außen – dann lässt man es gehen. Man lässt los.

Das wäre der »ideale« Mensch des Zen: Einer, der die Identifikation mit seinen Emotionen überwunden hat. Der sich nicht mehr an Liebe, Trauer, Wut, Freude klammert und sich von ihnen nicht in emotionale Fesseln legen lässt, sondern in der Lage ist, sie beobachtend wahrzunehmen. Er empfindet sie, aber aus der Distanz des Gleichmütigen. Sie haben ihre Macht über ihn verloren! Das Zen weiß natürlich, dass dies eine der schwierigsten Übungen ist, die es einem Menschen abverlangen kann. Ohne jahrelange Praxis und Kontemplation ist ein solcher Zustand nicht zu erreichen.

Zen und Gefühle? Selbstverständlich! Das Zen fordert Sie auf, sich durch alle Ihre Empfindungen und Gefühle hindurchzuarbeiten, bis Sie zum Kern Ihres Wesens gelangen, zur grundlegenden Authentizität, Ihrer Buddha-Natur. Letztendlich geht es darum, dass Sie in sich selbst die von vielen Verblendungen und verfälschten Wahrnehmungen verschüttete wahre Wirklichkeit erkennen, in der Sie mit allen anderen Menschen und Dingen eins sind. Und das kann nur gelingen, wenn Sie sich mit dem auseinandersetzen, das wie ein großer

Berg darüber liegt und Sie von den anderen Menschen und Dingen trennt: Ihren Gefühlen.

Sie entgehen keinem Gefühl, bevor Sie es nicht überwunden haben: Zorn, Eifersucht, Seligkeit, Langeweile. Beobachten Sie, wie Sie an Ihrem Gefühl des Selbstmitleids hängen, wie Sie an Ihren Problemen hängen, wie Sie an dem »schrecklichen« Zustand Ihres Lebens hängen. Das ist Ihr Drama. Die Wahrheit ist, dass wir unser Drama nur zu sehr lieben.

Charlotte Joko Beck, bedeutende amerikanische Zen-Lehrerin, geb. 1917

Gefühle sind menschlich

Um den beschriebenen Zustand der Gleichmut zu erreichen und sich vom Anhaften an Gefühle zu befreien, ist es also notwendig, sie erst einmal wahrzunehmen. Wie wollen Sie etwas loswerden, das Sie gar nicht sehen? Das Sie womöglich verleugnen? Da verlangt das Zen größtmögliche Ehrlichkeit. Spüren Sie in sich hinein und erkennen Sie, was an Gefühlen in Ihnen ist. Ohne Rücksicht auf Verluste. Ohne Scham, ohne Schuldgefühle (gerade für viele Frauen sehr schwierig!). Machen Sie eine Bestandsaufnahme, immer und immer wieder.

Erkenne dich selbst, fordert das Zen.

Aber, und das ist entscheidend: Es verurteilt Sie nicht für Ihre Gefühle, und das sollten Sie auch nicht (mehr) tun. Sie hassen Ihre Nebenbuhlerin? Natürlich, sagt das Zen, das ist doch menschlich! Sie sind neidisch auf die Kollegin, die mehr verdient und einen besseren Draht zum Chef hat? Nur zu verständlich, sagt das Zen, wem würde es nicht so gehen? Sie ärgern sich über Ihren Mann, weil er beim Frühstück wortlos hinter der Zeitung verschwindet? Klar, sagt das Zen, ist ja auch ein ziemlich unsoziales Verhalten.

Das Zen versteht. Aber es macht Sie auf eines aufmerksam: Ihr Hass auf die Nebenbuhlerin, Ihr Neid auf die Kollegin, Ihr Ärger über Ihren Mann führen dazu, dass Sie und andere leiden. Sie wissen, dass das stimmt – auch wenn Ihnen dieses Wissen im Moment nicht weiterhilft. Wut lässt sich nun mal nicht einfach abstellen. Sie fühlen, also leiden Sie.

Das Zen bewertet Ihre Gefühle nicht als schlecht, unmoralisch, kindisch, verdammenswert. Es sieht Gefühle lediglich unter einem einzigen Aspekt: dass sie Leid bringen, Ihnen und anderen. Aus diesem Grund schlägt es Ihnen vor, dass Sie mit Ihren leidbringenden Gefühlen auf eine andere Weise umgehen als bisher: Lernen Sie, die Gefühle loszulassen. Begreifen Sie, dass Sie nicht das Gefühl *sind*, und lassen Sie es dann allmählich gehen. Beobachten Sie, ohne aufgewühlt zu sein.

Dieses 3. Gebot hat also eigentlich einen zweiten Teil – *(1) Du sollst authentisch nach deinen Gefühlen leben und (2) allmählich lernen, sie loszulassen.* Aber das hat Zeit! Wenn es nicht in diesem Leben klappt, dann im nächsten. Für dieses Leben ist Ihre vordringliche Aufgabe, dass Sie sich Ihren Gefühlen stellen und langsam beginnen, auf eine andere Weise mit ihnen umzugehen als bisher.

Man kann Gier und Hass bereits beim Neugeborenen deutlich erkennen. Es schreit, um zu bekommen, was es haben will, und es schreit, um loszuwerden, was es nicht haben will. Die meisten Menschen schreien immer weiter, nur nicht ganz so laut. Sie wollen haben, was sie glauben zu brauchen, und wollen loswerden, was ihnen lästig erscheint.[21]

Ayya Khema, international bekannte deutsche Buddhistin, 1923–1997

Gleichmut und Respekt

Ein Schritt wäre, dass Sie lernen, sich nicht mehr mit Gefühlen zu identifizieren. Sie *sind* nicht das Gefühl! Es entsteht und es vergeht. Das Gefühl ist losgelöst von Ihnen, es ist nicht Sie. Denn wenn es Sie wäre oder Sie das Gefühl, dann könnten Sie ja selbst entscheiden, ob Sie ein Gefühl beenden wollen oder nicht. Können Sie das? Nein. Jedenfalls nicht sofort. Also existiert das Gefühl unabhängig von Ihnen. Was wiederum bedeutet, dass Sie sich davon distanzieren könnten. Nur wenn Sie sich mit dem Gefühl identifizieren, leiden Sie darunter.

Beobachten Sie es mit möglichst viel Gleichmut. Nehmen Sie es mit Respekt, doch aus der Distanz wahr. Halten Sie es nicht fest, verbeißen Sie sich nicht darin, indem Sie sich immer mehr aufwühlen lassen, sich in Gedankenschleifen daran abarbeiten. Empfinden Sie, ohne im Sog des Gefühls zu handeln und sich und andere womöglich zu verletzen.

Das gilt auch für sexuelle Bedürfnisse. Leben Sie sie, ohne Leid zu verursachen. Sex ist eine wunderbare Möglichkeit, größtmögliche Nähe zu einem anderen Menschen zu erleben – und selbstverständlich erlaubt! Wir sind immerhin durch Sex entstanden, wie Philip Toshio Sudo richtig schrieb. »Wir müssen nichts weiter tun als einfach Liebe machen, im tiefsten Sinn dieser Worte. (…) Was auch immer wir vorhaben zu machen – wir sollten es so gut wie möglich machen.«[22] Aber beherzigen Sie dabei, was das Zen rät. Seien Sie respektvoll, aufrichtig, verletzen Sie nicht. Geben und nehmen Sie im gleichen Maße.

> Die Herbstbrise
> einer einzigen Liebesnacht
> ist besser
> als hunderttausend Jahre
> steriler Sitzmeditation.[23]
>
> **Ikkyu, japanischer Zen-Meister, 1394–1481**

All das sind keine leichten Aufgaben, gewiss! Der Lohn: Sie werden sich aus zwei Gründen freier fühlen – erstens, weil Sie Ihre Gefühle (endlich) zulassen, und zweitens, weil Sie sich irgendwann besser von ihnen lösen können, nicht mehr vom Gefühlstornado weggefegt werden.

Der Buddha und das tote Kind

Es gibt eine traurig-schöne buddhistische Anekdote. In einem Dorf hatte eine Frau ihr kleines Kind verloren, es war an einer Krankheit gestorben. Doch sie konnte das nicht akzeptieren.

Verzweifelt bat sie den Buddha, er möge das Kind heilen. Der Buddha versprach, das zu tun – unter einer Bedingung: Die Frau müsse ihm aus einem Haus im Dorf, in dem noch niemand gestorben war, eine Schale Reis bringen. Die Frau rannte von Haus zu Haus, von Familie zu Familie – doch überall hatte es bereits Tote gegeben. Jeder im Dorf hatte irgendwann einen geliebten Menschen verloren. Da verstand sie. Der Tod war unvermeidlich, und sie war mit ihrem Schmerz nicht allein. Diese Erkenntnis wischte ihre Trauer nicht fort, aber sie war der Beginn des Loslassens. Endlich lernte sie, den Tod ihres Kindes zu akzeptieren und es gehen zu lassen.[24]

Frauen, Gefühle, Zen

Frauen, die sich mit Zen befassen, stehen in Bezug auf ihre Gefühle, ihre Authentizität möglicherweise vor einer heiklen Aufgabe. Gerade was Aggressionen betrifft, die sogenannten »negativen« Gefühle.

Viele von uns Frauen leben – ich formuliere es vorsichtig – nicht so, wie sie leben würden, wenn sie sich frei entscheiden könnten. Ihr Alltag ist von verschiedenen Abhängigkeiten geprägt, die sie vielleicht freiwillig auf sich genommen haben, vielleicht auch nicht. Sie leiden unter einem Berg von Pflichten, die möglicherweise eher einem starren Rollenverständnis geschuldet sind als der freien Wahl. Sie sind vielleicht in einem patriarchalischen Rollenverständnis erzogen worden, leben in einer eher traditionellen, sprich von Männern definierten Rolle. Zu dieser Rolle gehört es nicht, dass Frauen Aggressionen wahrnehmen und formulieren. Dass sie überhaupt auf sich achten, in sich hineinhören, ihren Gefühlen und sich selbst einen angemessenen Wert geben. Sie leben deshalb vielleicht in einem permanenten Gefühl der Minderwertigkeit – Männern, Autoritätspersonen, anderen Frauen gegenüber.

Da mag es erst einmal abschrecken, wenn man hört, dass es im Zen letztlich darum geht, begierdelos zu werden, also sozusagen Gefühl-los. Mir ging es jedenfalls so, als ich anfing, mich mit dem Buddhismus zu beschäftigen. Wir Frauen, dachte ich, wollen doch endlich das Recht, uns unsere Gefühle und Begierden und Sehnsüchte zu erfüllen! Wir wollen wütend sein dürfen! Wir wollen Gefühle doch nicht noch mehr unterdrücken müssen! Wir wollen nicht verdrängen und verleugnen!

Erst später habe ich begriffen, dass das Zen niemals verlangen würde, Gefühle zu verdrängen oder zu verleugnen. Es geht ihm nicht darum, dass Sie von morgen an nach einer Idealvorstellung leben und bestimmte Dinge nicht mehr tun, bestimmte Gefühle nicht mehr zulassen. Sie wären die Gefangene eines theoretischen Ideals! Doch Zen ist Erleben, Erfahren, Erkennen – Praxis, nicht Theorie. Es weiß, dass das Ideal ganz am Ende des Weges steht und vielleicht in Jahren, Jahrzehnten erreicht wird, vielleicht auch erst im nächsten Leben.

Bis es so weit ist, sind viele kleine Schritte zu gehen, Schritte als »unvollkommener« (weiblicher oder männlicher) Mensch, der Tag für Tag ein wenig mehr lernt, ein wenig mehr erkennt, sich der Vollkommenheit im Sinne des Zen ein wenig mehr annähert – und die ganze Zeit über unvollkommen sein darf! Ein Mensch, der all seine Gefühle durchleben soll und darf, wenn er sich nur bemüht, Schritt für Schritt eine andere Art des Umgangs mit ihnen zu üben.

Gefühle von Frauen sind mit unendlich vielen Vorurteilen, negativen Konnotationen und Tabus belegt: »hysterisch«, »heult ja gleich«, »kann nicht nüchtern und sachlich argumentieren«, »so gefühlsbetont«. Oder denken Sie daran, wie schwer es manchen Frauen fällt bzw. gemacht wird, ihre Sexualität zu leben, die Erfüllung ihrer erotischen Bedürfnisse einzufordern! Da braucht es schon viel Entschlossenheit und Überzeugung, um zu den eigenen Gefühlen zu stehen und sie wenigstens vor sich selbst nicht mehr negativ zu bewerten.

Und Mut! Denn selbstverständlich wird es Menschen geben, denen es nicht recht ist, dass Sie plötzlich mehr auf Ihre eigenen Bedürfnisse achten, als Sie es vielleicht lange getan haben. Meistens sind das die Ehemänner, aber auch die eigenen Eltern oder die Kinder betrachten solche Veränderungen häufig skeptisch.

Also müssen Sie die Angst überwinden, dass Sie mit Liebesentzug »bestraft« werden könnten. Wenn Sie von Ihrem Partner finanziell abhängig sind, kommt die Angst vor dem Verlust der monetären Sicherheit dazu (die keine Sicherheit ist, weil es keine Sicherheit gibt, nur Veränderung). Solange die Angst da ist, überlagert sie alle anderen Gefühle. Wer Angst vor dem Verlust hat, kann nicht authentisch sein. Er wird nicht spüren, was da an Gefühlen unterhalb der Angst ist, weil er sie nicht zulassen will – sie gefährden den Status quo.

So kann das Zen gerade uns Frauen, wenn wir uns darauf einlassen, in eine vollkommen neue Freiheit führen: Es lehrt und ermutigt uns, zu uns selbst zu stehen. Aber für diese Freiheit müssen wir eben »kämpfen«. Wir müssen den Mut finden, uns den Wert zu geben, der uns als Mensch zusteht. Wir müssen den Mut finden, unsere Gefühle wahrzunehmen, und dann die Kraft, ohne Schuldgefühle zu ihnen zu stehen. Erst vor uns selbst, später auch vor anderen.

Übungen zum 3. Gebot

1. Wahrnehmen, wahrnehmen, wahrnehmen – das ist das A und O bei diesem 3. Gebot. Halten Sie immer wieder inne, um sich Ihrer Gefühle zu vergewissern. Spüren Sie vor jeder Entscheidung, vor jeder wichtigeren Handlung in sich hinein: Will ich das wirklich? Oder lasse ich mich da gerade von anderen mitreißen? Geben Sie sich nicht mit der emotionalen Routine zufrieden. Brechen Sie aus dem emotional »gedämpften« Alltag aus, indem Sie sich fragen: Tue ich das, was ich da seit Jahren tue, eigentlich gern? Wie würde ich es lieber tun?

Nach einer Weile, wenn Sie die Gefühle deutlicher wahrnehmen, können Sie anfangen, sie zu »befragen«. Aha, da ist große Wut. Auf wen? Warum ist sie da? Was sagt sie mir über mich? Kann ich sie einfach gehen lassen, oder klammere ich mich an sie? Wie sieht die Wut von oben aus, wenn ich mir vorstelle, dass ich sie beobachte, aber nicht mehr mittendrin bin?

2. Machen Sie sich bewusst, dass Sie nicht das Gefühl sind. Sie erleben es nur. Es kommt, es geht nach einer Weile, das wissen Sie aus Erfahrung. Sie sind nicht mit dem Gefühl identisch. Ja, Sie ärgern sich, aber der Ärger ist nicht Sie. Sonst könnten Sie ihn jederzeit stoppen. Sie könnten sich sagen: Ich habe jetzt keine Lust, mich zu ärgern. Aber das funktioniert nicht, weil Sie an dem Gefühl anhaften und *glauben*, Sie wären damit identisch. Dabei findet es lediglich in Ihnen statt, irgendwo, da und dort. Sie haben sich in die Abhängigkeit Ihrer Gefühle begeben, und deshalb können sie Sie mitreißen, ohne dass Sie viel Einfluss darauf hätten. Machen Sie sich bewusst, dass das Gefühl und Ihre Reaktion darauf voneinander unabhängig sind! Das Gefühl ist eine meist alberne Äußerung Ihres Ichs. Das Ich jedoch ist nur eine Illusion und existiert in der behaupteten Form überhaupt nicht. Lassen Sie nicht zu, dass dieses Ich auf das Gefühl reagiert. Dann gewinnen Sie die Macht über Ihre Reaktion zurück und können das Gefühl mit Gleichmut wahrnehmen, ohne sich davon ergreifen zu lassen.

3. Machen Sie sich auch bewusst, wie Gefühle entstehen. Sie nehmen über Ihre Sinne etwas wahr und bewerten es – schön, nicht schön. Angenehm, unangenehm. Gefällt Ihnen, gefällt Ihnen nicht. Das, was Sie als angenehm empfinden, mögen Sie. Es macht sie zufrieden, vielleicht sogar glücklich. Also

wollen Sie, dass es andauert oder möglichst bald wieder geschieht. Sie haften an dem an, was Ihr Gefühl auslöst, und an Ihrem Gefühl selbst. Ein bisschen wie eine pawlowsche Hündin, die auf einen bestimmten Reiz immer wieder genau gleich reagiert, finden Sie nicht? Wahrnehmung, Gefühl. Wollen Sie eine pawlowsche Hündin sein?

4. Eine gute Übung, um sich von solchen Anhaftungen zu lösen, ist, achtsam zu genießen und gleichzeitig zu akzeptieren, dass alles, was geschieht, vergänglich ist. Genießen Sie, solange etwas Schönes andauert. Freude, Liebe, Geborgenheit, Gemeinschaft. Wenn es zu Ende ist, akzeptieren Sie, dass es zu Ende ist. Vergänglichkeit ist das Wesen aller Dinge, allen Lebens, aller Gefühle. Etwas entsteht und vergeht. Es kann nur deshalb entstehen, *weil* es irgendwann vergeht. Es wächst aus einem bestimmten vorhergehenden Moment und mündet in einen bestimmten nachfolgenden Moment. Es kann nur schön sein, weil es nicht andauert. Wenn Sie einen schönen Moment zu fassen bekommen, dann freuen Sie sich achtsam, also mit ganzer Aufmerksamkeit daran – und lassen Sie ihn in dem Bewusstsein verlöschen, dass Sie ihn intensiv wahrgenommen, wertgeschätzt und genossen haben und dass er nur deshalb schön sein konnte, weil er vergänglich ist. Außerdem wissen Sie ganz genau, dass gleich morgen andere schöne Momente kommen. Wenn das nicht der Fall ist, liegt es vielleicht an Ihrem Blick auf die Welt. Wie sagte eine gute Freundin von mir? Die Welt ist so, wie man sie sieht.

Das Zen schreibt allen Wesen, die dem Kreislauf der Wiedergeburten unterliegen, drei Eigenschaften zu: Sie sind vergänglich (entstehen und vergehen), sie haben kein Selbst oder Ich, und sie leiden. Zugegeben, eine etwas deprimierende Charakterisierung des Menschen, der sogenannten Krone der Schöpfung ... Aber stimmt es etwa nicht?

4. Gebot:
Du sollst dich selbst lieben

Die Basis

Selbstliebe ist nicht Selbstsucht

Um eines gleich vorweg zu klären: Selbstliebe hat rein gar nichts mit Egoismus, Selbstsucht oder Selbstüberschätzung zu tun. Selbstliebe im Sinne des Buddhismus heißt, dass man sich annimmt, wie man ist, und sich mit Geduld, Toleranz, aber auch realistisch-kritischer Selbstüberprüfung beobachtet. Ayya Khema sagte, Selbstliebe bedeute, »dass wir liebevoll, sorgsam und mütterlich mit uns umgehen«, dass wir »unsere eigene Mutter werden«[25]. Vom Buddha ist überliefert, dass er die Menschen dazu aufrief, sich selbst zu beschützen. Und genau darum geht es bei der Selbstliebe: Sorgen Sie für sich, und beschützen Sie sich.

> Wenn dir dein eigenes Wohl am Herzen liegt,
> Dann beschütze du selbst dich gut.
> Wer sonst könnte dich wohl beschützen?
>
> **Aus der buddhistischen Lehrsammlung *Dhammapada*[26]**

Selbstliebe ist nicht Stagnation

Selbstliebe heißt auch nicht Stagnation. Natürlich, Sie sollen lernen, sich so anzunehmen, wie Sie sind. In Ihrem Aussehen, Ihrer Art zu denken, zu handeln, Ihrem Lebensumfeld, Ihrem Beruf. So sind Sie, so haben Sie sich das Leben gezimmert, und das ist in Ordnung. Das soll aber nicht heißen, dass das Zen Sie auffordert, sich nicht mehr zu verändern oder nicht an sich zu arbeiten. Es fordert Sie vielmehr auf, sich auch als Menschen anzunehmen, der sich auf vielen unterschiedlichen Wegen befindet und noch nicht an deren Ende angekommen ist. Denn auch das ist in Ordnung!

Wenn es die Möglichkeit gibt, sich weiterzuentwickeln, dann nutzen Sie sie. Wachsen Sie. Entwickeln Sie das Potenzial, das in Ihnen steckt. Sie sollen ja nicht nur in buddhistischer Hinsicht mit dem Leid und dem Leben zurechtkommen, sondern genauso mit den Anforderungen der westlichen Gesellschaft.

Ein weiter Weg und doch der Anfang

Die meisten Menschen sind von Selbstliebe weit entfernt. Die einen finden sich toll und benehmen sich, als wären sie allen anderen überlegen. Doch wenn man genau hinsieht, stellt man fest, dass sie sich unbewusst eigentlich ablehnen. Nur haben sie eine Fassade der Überheblichkeit und Selbstbewusstheit aufgebaut, damit sie das nicht spüren. Was ist schlimmer, als sich eingestehen zu müssen, dass man sich selbst ablehnt? Sie müssen sich selbst belügen, um sich täuschen zu können.

Sie leben nicht authentisch (3. Zen-Gebot), geschweige denn, dass Sie ehrlich zu sich selbst wären (6. Zen-Gebot).

Andere Menschen trauen sich nicht, sich selbst zu lieben, weil sie glauben, sie dürften sich selbst keinen Wert beimessen. Das sind vor allem Frauen. Sie haben vielleicht von ihren Eltern oder in der Schule gelernt, dass sie ihr Licht unter den Scheffel stellen sollen. Dass sie nicht wichtig sind. Die Kinder, der Ehemann, Arbeit, ein sauberes Heim – das ist wichtig. Der Mensch, der all das am Laufen hält, nicht.

Wieder andere lieben sich nicht, weil in christlichen Gesellschaften Selbstverleugnung (Familie), Dienst am Nächsten (Beruf), Nächstenliebe als Tugenden gelten, Selbstliebe dagegen nicht. Dabei heißt es in der Bibel: Liebe deinen Nächsten wie dich selbst. Gott scheint davon auszugehen, dass man sich selbst liebt! Schließlich kann dieser Satz nicht so gemeint sein, dass man seinen Nächsten ablehnen soll wie sich selbst.

Dann gibt es Menschen, die sich nicht mögen, weil sie nur ihre Fehler und Schwächen sehen. Weil in ihrem Leben vieles nicht klappt und sie mit anderen Menschen nicht zurechtkommen. Kritik trifft sie ins Mark, weil sie kein Selbstwertgefühl haben. Sie reagieren mit Aggression oder Depression oder fressen Frust und Wut in sich hinein. Sie hören aus den Worten anderer immer nur Negatives über sich selbst heraus, obwohl es gar nicht so gemeint ist. Ein freundlicher Ratschlag, was sie im Job anders machen könnten, damit sie es vielleicht leichter haben, bedeutet dann für sie: »Du bist an all deinen Problemen selbst schuld.« Wenn der Partner sagt: »Ich liebe dich«, unterstellen sie ihm, dass er lügt, weil sie glauben, dass man sie nicht lieben kann. Wer sich selbst nicht liebt, kann Liebe nicht annehmen. Er verdächtigt ihm wohlgesinnte Menschen, sie wollten ihm Böses, betrögen ihn, hintergingen ihn, würden ihn letztendlich ohnehin aufgeben. Schließlich ist er es ja nicht wert, gemocht oder gar geliebt zu werden!

Und dann gibt es die, die in ihrer Kindheit und Jugend keine Liebe bekommen haben. Ein Mensch, der sich von den eigenen Eltern nicht geliebt fühlte, wird sich für wertlos halten. Für nicht liebenswert. Tagein, tagaus wird sein Bestreben darauf ausgerichtet sein, Liebe von anderen zu bekommen – wenn nicht als Erwachsener von den alten Eltern, dann vom Partner, von den eigenen Kindern. Voller Sehnsucht wird er der Liebe hinterherlaufen und sich deshalb in Abhängigkeiten begeben, in die Unfreiheit. Er wird andere Bedürfnisse unterdrücken, um dieses eine erfüllt zu bekommen. Aus Angst, man könnte ihm die Liebe verweigern, wird er sich ganz in den Dienst anderer stellen – und die Leere in sich damit doch nie füllen können.

Nur die Selbstliebe könnte ihn heilen, aber das begreift er nicht. Ein solcher Mensch ist immer in der Gefahr, abgelehnt, verlassen, betrogen zu werden. Die anderen spüren seine Bedürftigkeit, seine Angst vor dem Liebesverlust, und dass er von ihnen abhängig ist. Beziehungen, die auf Angst und Abhängigkeit basieren, bringen niemandem wahre Zufriedenheit.

Für Menschen, die sich selbst nicht lieben (ob sie es nun wissen oder nicht), ist es ein weiter Weg, zur Selbstliebe zu finden. Und doch ist es ein Weg, zu dem es keine Alternative gibt. Denn mit der Liebe zu sich selbst beginnt alles. Sie ist die Grundlage für Glück, Zufriedenheit, Freundschaft, Beziehung, Erfolg, Selbstverwirklichung. Von anderen wahrhaft geliebt zu werden und andere wahrhaft zu lieben setzt voraus, dass man sich selbst akzeptiert. Und nur wer sich selbst liebt, wird in der Lage sein, gelassener mit dem Leben umzugehen, Dinge und Menschen loszulassen, wird fröhlich, unabhängig und frei sein. Nur wer sich mit Selbstliebe begegnet, wird über den »größten Besitz«[27] verfügen, wie der Buddha es nannte – Zufriedenheit im Herzen.

Freunde und Feinde der Selbstliebe

Wie alles im Leben, das wir nicht beherrschen, müssen wir auch die Selbstliebe üben. Natürlich wird es nicht klappen, wenn wir uns ab morgen einmal täglich vor dem Spiegel sagen: »Ich liebe mich.« Vielleicht werden wir uns irgendwann glauben, aber diese Form der Selbstliebe reicht nicht tief. Sie räumt nicht mit den Ursachen auf. Eines Tages werden wir begreifen, dass wir uns etwas vorgelogen haben.

Nein, das Zen schlägt einen anderen Ansatz vor. Es umkreist die Selbstliebe und überlegt, welche Verhaltensweisen im Positiven wie im Negativen mit ihr verbunden sind. Im Positiven wäre das beispielsweise Geduld mit sich selbst. Oder Nachsicht. Toleranz. Humor. Das erwähnte mütterliche Kümmern. Verzeihen. Verständnis. Sich selbst trösten. Und so weiter. Und im Negativen? Die natürlichen Feinde der Selbstliebe sind Perfektionismus, Abhängigkeit von anderen, schlechtes Gewissen, Verdrängen, die eigenen Bedürfnisse verleugnen, Pessimismus, Opferhaltung und andere.

Bei jeder dieser Verhaltensweisen (es gibt natürlich noch viel mehr) können Sie ansetzen. Sie begegnen sich nicht mit Geduld? Dann entwickeln Sie Geduld. Hinterfragen Sie Ihre Reaktionen, Ihr Leben, stellen Sie sich der Realität. Sie leben in Abhängigkeit? Dann machen Sie sich bewusst, dass Selbstliebe und Abhängigkeit einander widersprechen. Ein paar weitere Beispiele dazu finden Sie im Übungsteil.

Übungen zum 4. Gebot

1. Schenken Sie sich Lob. Gestatten Sie sich ein wenig Stolz. Wohlgemerkt: keinen Hochmut. Aber ein bisschen stiller Stolz auf die eigene Leistung ist erlaubt. Eigenlob stinkt? Ach, i wo. Warum sollen wir immer nur andere loben? Auch wir selbst brauchen Lob – und wir brauchen es nicht von anderen! Schließlich wollen wir uns nicht in Abhängigkeiten begeben. Damit Sie mit dem Lob nicht übers Ziel hinausschießen, orientieren Sie sich am Zen: Wenn Sie den Hof gekehrt haben, drehen Sie sich um, und erfreuen Sie sich an seiner Sauberkeit. Sagen Sie sich: »Gut, dass ich den Hof gekehrt habe. Jetzt sieht er wieder wunderbar aus.« Wenn Sie etwas endlich erledigt haben, das Sie lange liegen gelassen haben, denken Sie sich:

»Ich bin froh, dass ich es endlich angepackt habe. Schön, dass es erledigt ist!«

2. Noch einmal zu den Verhaltensweisen, die mit der Selbstliebe in Verbindung stehen, sie entweder fördern oder verhindern. Sie merken, dass Sie ein schlechtes Gewissen haben, weil Sie aus Müdigkeit früh ins Bett gegangen sind, statt den Gatten zu unterhalten? Dann arbeiten Sie an Ihrem schlechten Gewissen. Haben Sie nicht das Recht und sogar die Pflicht, dafür zu sorgen, dass Sie genug Schlaf bekommen? Wenn nicht Sie sich darum kümmern, wer dann? Sind Sie auf der Welt, um anderen die Langeweile zu vertreiben? Ist Ihr Mann nicht alt genug, um seinen Feierabend selbst auf befriedigende Weise zu gestalten? Wenn Sie ungeduldig mit sich selbst sind, wieder mal das perfekte Ergebnis von sich erwarten, ein Bedürfnis beiseiteschieben, ist das der ideale Moment, um sich mit Selbstliebe zu begegnen, selbst wenn Sie sich noch nicht wirklich lieben. Sie kümmern sich um sich, geben sich damit einen Wert. Irgendwann wird die Liebe schon kommen.

3. Falls Sie noch daran zweifeln, dass dem Zen tatsächlich an der rechten Form von Selbstliebe gelegen ist, denken Sie daran, dass es jedem Menschen den höchsten Wert beimisst, den man sich nur vorstellen kann: Unsere ursprüngliche Natur ist die Buddha-Natur, und wir tragen sie in uns. Alles, was wir brauchen, um zur Erleuchtung zu gelangen, liegt ins uns verborgen. Wir müssen es »nur« ausgraben, erkennen, ent-

wickeln. Selbst wenn Sie sich nicht intensiver mit dem Zen auseinandersetzen wollen, können Sie sich doch einmal auf diesen Gedanken einlassen – alle Weisheit, alle Fähigkeiten, derer Sie für das Leben bedürfen, liegen in Ihnen. Verschüttet von Selbsttäuschung, von Anhaftungen, von Begierden, den Verwerfungen des alltäglichen Lebens, sodass Sie sie nicht erkennen können, aber sie sind da! In Ihnen. Machen Sie sich das bewusst. Sie sind ein ungeschliffener Diamant. Mehr noch: Sie sind ein Buddha, der lediglich noch nicht zu sich selbst gefunden hat. Ist das nicht ein wunderbarer Grund, sich selbst wertzuschätzen? Sich mit Respekt, Achtung und Liebe zu begegnen?

5. Gebot: Du sollst lernen loszulassen

Im Strom des Vergänglichen

Anhaften bringt Leid

Von »loslassen«, von »gehen lassen«, war schon mehrfach die Rede – Gefühle loslassen, ein Kind, das gestorben ist, loslassen. Davon handelt nun dieses 5. Gebot. Lerne, sagte der Buddha, loszulassen. Lerne, nicht mehr anzuhaften – an Dingen, Menschen, Emotionen, Ereignissen, Besitz. Klammere dich nicht daran. Du wirst weniger leiden, wenn du das beherrschst!

Damit wir uns richtig verstehen: Loslassen im buddhistischen Sinn hat nichts mit Gleichgültigkeit zu tun. Sie sollen nicht alle Gefühle in sich abtöten, bis Sie emotional unempfindlich geworden sind und nichts mehr spüren, wenn ein Mensch fortgeht oder stirbt. Nein! Es bedeutet nicht Egoismus, Kälte, soziale Grausamkeit. Denken Sie daran, dass eine der Grundtugenden des Buddhismus Empathie ist, Mitgefühl und Mitfühlen mit anderen. Im Mahayana und damit auch im Zen vollenden die Erleuchteten (man nennt sie Bodhisattvas, »Erleuchtungswesen«), denen das Nirvana offensteht, den Weg nicht. Sie schieben diesen letzten Schritt auf, um die anderen Menschen, die noch im Leid gefangen sind, zu unterstützen. Erst wenn alle Wesen aus dem Kreislauf der

Wiedergeburten erlöst sind, gehen sie ins Nirvana ein. Was wäre altruistischer?

Loslassen zu können bedeutet schlicht, dass Sie begriffen haben: Das Wesen aller Dinge, allen Lebens, aller Gefühle ist Vergänglichkeit, und darauf sollte man in adäquater Weise reagieren. Was Sie heute haben, kann morgen fort sein. Ein Mensch, Liebe, eine Gewohnheit, der Job – alles. Wenn Sie daran in Gedanken und Gefühlen »anhaften«, wie es im Buddhismus heißt, werden Sie sich schwertun, im Leben danach wieder glücklich oder auch nur zufrieden zu werden. Anhaften bringt Leid, Loslassen bringt Erlösung aus dem Leid. Und aus diesem Grund sollten wir uns freuen, wenn wir in der Lage sind loszulassen. Denn dann wissen wir, dass wir uns von dem lösen können, was vor unseren Augen zu Staub wird.

Wir handeln

»Loslassen« und »anhaften« sind treffende Begriffe, finde ich. Sie weisen darauf hin, dass wir aktiv beteiligt sind. Wir lassen los, oder wir lassen nicht los. Wir haften an, oder wir haften nicht an. Wir handeln und behalten damit ein mehr oder weniger großes Maß an Unabhängigkeit. Natürlich, die Verluste geschehen, ohne dass wir darauf großen oder überhaupt einen Einfluss hätten. Die Reaktion auf den Verlust aber kommt aus unserem Inneren. Auf die *haben* wir Einfluss. Das mag im Moment größter Trauer grausam, unmöglich, unwillkommen klingen, aber es ist wahr. Wie lange wir anhaften, wann wir loslassen, das bestimmen wir selbst, abhängig von unserer

Erziehung, unseren Erfahrungen und unserer Fähigkeit, über uns selbst zu reflektieren. Wir »dürfen« einen Verlust selbstredend bedauern, wir können und müssen trauern. Aber wir sollten nach einer angemessenen Zeit der Trauer in der Lage sein loszulassen. Sonst werden wir im andauernden Leid krank.

Wir Menschen sind nicht in der Lage, den Lauf des Lebens, des Schicksals zu verändern. Aber, und da erweist sich der Buddhismus wieder einmal als ungeheuer pragmatisch und lebensklug: Wir können uns selbst verändern. Geht das, was gerade noch da war, fort, dann lassen wir es fortgehen. Klammern wir uns nicht daran. Versuchen wir nicht, es festzuhalten, da wir doch wissen, dass wir es nicht halten können!

Freuen wir uns stattdessen darüber, dass es für eine Weile Teil unseres Lebens war. Und akzeptieren wir, dass es vergänglich ist, dass nun wohl der Zeitpunkt gekommen ist, da es gehen muss oder will. Stellen wir uns der Realität, dem Fluss des Lebens! Nicht loszulassen ist in den meisten Fällen lediglich eine andere Art zu sagen: »Nein, ich akzeptiere nicht, dass er geht/dass ich das nicht haben kann/dass ich keine zwanzig mehr bin!« Immer wieder hört man im Zusammenhang mit Trennung, Tod, Krankheit den Satz »Es darf nicht wahr sein!«. Nun, leider ist es wahr. Akzeptieren Sie! Haben Sie den Mut, der Realität ins Auge zu sehen. Es ist, wie es ist. Etwas anderes gibt es nicht, etwas anderes zählt nicht. Lassen Sie, nachdem Sie getrauert haben, los …

Teil des Ichs

Niemand behauptet, es sei leicht loszulassen. Ganz egal, woran wir anhaften, ganz egal, wie banal oder ernst die leidbringende Situation ist: Loslassen ist schwierig. Da kommen wir Tag für Tag am schönsten Paar Schuhe der Welt vorbei, aber wir können sie uns nicht leisten. Unsere beste Freundin wechselt Job und Land und verschwindet urplötzlich aus unserem Leben. Die Kinder werden erwachsen und verlassen das Elternhaus. Unsere Mutter stirbt, vielleicht sogar unser Mann. Das Leben ist eine einzige Aneinanderreihung von Verlusten, Trennungen, kleineren und größeren Abschieden, von Nähe, aus der Distanz wird. Also ist es nur sinnvoll, damit umgehen zu können. Die Schuhe, die Freundin, die Kinder, Mutter, Mann – irgendwann müssen wir uns lösen, so schwer uns das auch fallen mag. Wir müssen loslassen, damit sich das Leid nicht dauerhaft in unserer Seele einnistet.

Ein anderes Beispiel: Gegenstände. Denken Sie an den Keller, den Kleiderschrank, die Kredenz ... Was wir da alles angesammelt haben! Vieles brauchen wir nicht mehr, aber wir bringen es nicht übers Herz, uns davon zu trennen. Ein Kleid, das viel zu klein ist, uns aber an den Tanzkursabschlussball erinnert. Ein geerbter Gegenstand, Bücher, die im Keller in Kisten gelagert sind, weil im Wohnzimmerregal kein Platz mehr ist, aber wie kann man *Bücher* weggeben!?

Wir häufen Dinge an, weil wir unsere Gefühle daran geheftet haben. Wir haften an, weil wir glauben, ohne diese Dinge einen Teil unseres Ichs zu verlieren. Wieder das Ich! Wir identifizieren uns mit Gegenständen, Menschen, Situationen. Verlieren wir sie, drohen wir unsere Identität zu verlieren. Den Glauben daran, glücklich sein zu können. Wir hängen der Überzeugung an, dass wir ohne einen anderen Menschen, eine Gewohnheit, eine bestimmte Lebenssituation nicht vollkommen sind. Dass wir etwas außerhalb von uns brauchen, um vollständig zu sein. Deshalb sind wir immerfort auf der Suche – »unser Geist rennt ständig Dingen hinterher, von denen wir annehmen, sie würden uns glücklich machen«[28], schrieb Christine Longaker.

Wir wissen, dass dem nicht so ist. Sie machen uns nicht glücklich. Höchstens einen winzigen Moment lang. Dann bekommen wir Angst, sie zu verlieren. Wir gewöhnen uns an sie, und sie werden schal. Etwas Neues, Besseres, Schöneres tritt in unser Leben, und wir richten unsere Wünsche darauf. Und das Ganze fängt von vorn an.

> Wessen Geist unbeweglich steht wie ein Fels,
> Nicht verhaftet den Dingen, die eine Bindung verursachen,
> Ungerührt von Dingen, die Ärger und Zorn auslösen,
> Wie kann das Leiden einen solchen Menschen erreichen,
> Wenn er seinen Geist derart gezähmt hat?[29]
>
> **Der Buddha**

Angenehm und unangenehm

Wenn der Buddha von »Gier« sprach, meinte er nicht nur den Wunsch, etwas Schönes zu bekommen, sondern auch den

Wunsch, dass etwas Unschönes aufhören möge – ein Zustand, der uns nicht gefällt, der uns unangenehme Gefühle bringt. Aus diesem Grund spricht man im Zen nicht so sehr von Wunsch/Gier und Ablehnung/Hass, sondern von angenehmen und unangenehmen Gefühlen. Beide Zustände bedeuten Leid. Deshalb sollten wir genauso lernen, Dinge und Gefühle loszulassen, die wir als angenehm empfinden, wie Dinge und Gefühle, die wir als unangenehm empfinden.

Bei den unangenehmen fällt uns das leichter. Aus Erfahrung wissen wir, dass sie irgendwann automatisch vorbei sein werden. Liebeskummer, Trauer, Melancholie, Ärger, Unzufriedenheit – irgendwann enden diese Gefühle. Das haben wir alle schon dutzende Male erlebt. Darauf bauen wir, deshalb können wir sie aushalten. Von solchen Gefühlen lösen wir uns in aller Regel gern. Bei den angenehmen Gefühlen macht uns genau dieser Gedanke Angst: Sie könnten allzubald enden! Sie könnten vergänglich sein!

Nun, wir *wissen*, dass sie vergänglich sind. Unangenehme Gefühle vergehen – weshalb sollte es sich mit angenehmen anders verhalten? Wollen wir uns wirklich ein Leben lang belügen? Oder wollen wir die Initiative ergreifen und lernen, dem vergänglichen Charakter aller Dinge entsprechend zu handeln, indem wir uns davon unabhängig machen? Wollen wir uns nicht endlich aus der Gefangenschaft des Wollens und nicht Wollens, des Bekommens und Verlierens, dieser Spirale des Leidens, befreien?

Es ist nun mal leider eine Illusion, dass irgendetwas in dieser

Welt beständig wäre. Wir sehnen uns nach Kontinuität, nach Sicherheit, und das ist verständlich und menschlich. Wir wollen Liebe, die unverändert andauert. Freundschaften, die nie enden. Einen Job, in dem es keinerlei bedrohliche Veränderungen gibt. Doch so ist das Leben nicht. Das Wesen des Lebens ist Veränderung, nicht Beständigkeit.

Wenn wir das akzeptieren, sind wir einen großen Schritt weiter. Wir lernen loszulassen. Mit Verlusten besser umzugehen. Die Angst davor, etwas zu verlieren, wird stetig abnehmen. Wir werden freier in unserem Handeln, in unseren Entscheidungen. Wir lernen endlich, *wirklich* zu genießen, weil wir um die Endlichkeit des Genusses wissen.

> Der Gedanke wird zum Wort,
> das Wort wird zur Handlung,
> die Handlung wird zur Gewohnheit,
> die Gewohnheit wird zum Charakter.
>
> **Der Buddha**

Übungen zum 5. Gebot

1. *Denken Sie …* Gefühle loszulassen ist schwierig, es wird eine ganze Weile dauern, bis es Ihnen gelingt. Der erste Schritt dazu wäre, dass Sie es sich vornehmen. Dass Sie es *denken.* Erinnern Sie sich: Nichts geschieht einfach so, alles ist auf unsichtbare Weise durch Ursache und Wirkung miteinander

verbunden. Gefühle entstehen beispielsweise durch Denken, durch Vorstellung. Machen Sie einen Versuch: Denken Sie an Ihren Partner. Was passiert? Irgendein Gefühl entsteht in Ihnen – Zuneigung, Abneigung, Ungeduld, Ärger, was auch immer. Denken Sie an den bevorstehenden Urlaub. Freude kommt auf, Unruhe, Erleichterung, Sorge, was auch immer. Also: Wenn Sie lange genug daran denken, sich nicht mehr mit Ihren Gefühlen zu identifizieren, sie loszulassen, dann wird irgendwann in Ihnen der nötige Gleichmut entstehen, der es Ihnen ermöglicht, Dinge und Gefühle wertzuschätzen, ohne anzuhaften.

2. Sich von unangenehmen Gedanken oder Gefühlen zu trennen ist leichter als von angenehmen. Sie haben sich gestern über die lärmenden Kinder der Nachbarin geärgert, und der Ärger hält noch an? Dann versuchen Sie, sich davon zu lösen. Was gestern war, war gestern. Warum haben Sie sich entschieden, sich heute noch zu ärgern? Warum haben Sie sich überhaupt entschieden, sich zu ärgern? Denn nur Sie allein sind für Ihre emotionalen Reaktionen verantwortlich. Sie nehmen über Ihre Sinne etwas wahr, in unserem Beispiel Lärm. Das kommt von außen. Ihre Reaktion, Ihr Ärger kommt von innen. Sie *sind* nicht der Ärger, aber Sie produzieren ihn. Also: loslassen …

Vielleicht hilft Ihnen dabei der Gedanke, dass Sie die Kinder der Nachbarin eigentlich mögen. Dass sie nett sind. Ihnen schon mal geholfen haben. Sich mit Ihren Kindern gut verstehen. Auf diese Weise verdrängen Sie den Ärger nicht, sondern lösen ihn auf. Und können ihn loslassen. Ihr Ärger ist schädlich für Sie selbst, für Ihre Umwelt. Sie setzen damit bei anderen entsprechende Reaktionen in Gang (mehr dazu auf Seite 113. Warum wollen Sie den Ärger also behalten?

3. Lassen Sie irgendetwas Angenehmes für ein paar Momente los, indem Sie es bewusst verabschieden. Ein schönes Ereignis, das ein paar Tage zurückliegt, eine Freundin aus alten Zeiten, die sich nicht mehr bei Ihnen meldet, ein Schmuckstück, das Sie sich nicht leisten können – egal, was. Wenn Sie es für ein paar Minuten losgelassen haben, können Sie sich ja wieder daran anhaften. Wichtig ist nur, dass es mal für einige Augenblicke gelingt. Am besten klappt das sicher, während Sie meditieren oder etwas Vergleichbares tun. Sie brauchen Ruhe und Konzentration, Sie sollten gelassen und zufrieden sein. Schaffen Sie es (vielleicht nach ein paar Anläufen), werden Sie spüren, wie befreiend das Loslassen sein kann. Sie werden begreifen, dass Sie das Losgelassene nicht *brauchen*, um zu leben. Dass Sie davon unabhängig sind und auch ohne es glücklich werden können.

Die wichtigsten Begriffe im Zen: Koan

Koans (jap., wörtlich »öffentlicher Aushang«) nennt man kurze Passagen aus Lehrsutras, widersprüchliche Anekdoten aus der Zen-Geschichte oder kurze, rätselhafte Dialoge zwischen Meistern und Schülern. Sie denken so lange über ein Koan nach, bis

Ihnen ein tiefer, intuitiver Einblick in seinen Sinn und damit in Ihre wahre Natur möglich ist. Der bedeutende japanische Zen-Meister Hakuin (1686–1769) schrieb über die Koan-Praxis: »Du glaubst, dem Tod ins Auge zu sehen, und fühlst dein Herz in Flammen aufgehen. Dann bist du plötzlich eins mit dem Koan, und Leib und Geist sind abgelegt.«[30]

Hier ein paar Beispiele für Koans:

Ein Mönch fragte Meister Tozan: »Was ist Buddha?«
Tozan sagte: »Drei Pfund Flachs.«[31]

Schüler: »Was ist die allerdringlichste Aussage?«
Yün-men: »Iss!«[32]

Mit leeren Händen halte ich ein Schwert.
Ich laufe zu Fuß, aber auf dem Rücken eines Ochsen reite ich.
Während ich über die Brücke Lo komme,
Fließt das Wasser nicht, es ist die Brücke, die fließt.[33]

4. Da wir schon beim Meditieren sind: Meditieren Sie doch einmal über ein Wort oder eine bildliche Vorstellung. Als Wörter bieten sich, wenn Sie im Umfeld des Zen bleiben möchten, beispielsweise »Mitgefühl«, »Liebe«, »Wahrheit« an, als Bilder eine ruhige Sommerlandschaft, ein Baum, ein Berg, das Gesicht eines geliebten Menschen. Sie werden feststellen, dass Sie durch wie von selbst aufsteigende Gedanken unaufhörlich

von diesem Wort oder Bild abgelenkt werden. Immer wieder werden Sie abschweifen, ohne dass es Ihnen gleich bewusst ist. Wenn Sie es merken, dann kehren Sie zu Ihrem Wort oder Bild zurück. Immer wieder. Irgendwann wird es Ihnen leichter fallen, dabeizubleiben und ablenkende Gedanken im Hintergrund einfach nur noch wahrzunehmen, ihnen aber nicht mehr zu folgen.

5. Statt eines Wortes oder Bildes können Sie auch ein Koan verwenden, wie es im Zen bei der Meditation gemacht wird. Meditations-Anfänger sollten allerdings nur dann mit Koans üben, wenn sie einen Lehrer haben, der ihnen mit Rat und Tat zur Seite steht. In der Rätselhaftigkeit der meisten Koans kann man sich durchaus verlieren. Zen-Praktizierende arbeiten teilweise jahrelang mit einem oder einer Handvoll Koans, ohne sie zu verstehen – wobei »verstehen« ein intuitives Begreifen und Erkennen ist, kein intellektuelles. Koans lassen sich mit dem Verstand nicht ergründen! Wenn Sie Lust haben, sich mit Koans zu beschäftigen, finden Sie im Internet jede Menge. Oder Sie besorgen sich eine der beiden berühmten Koan-Sammlungen, das *Bi-yen-lu* (*Niederschrift von der blaugrünen Felswand,* 11./12. Jahrhundert) bzw. das *Wu-men-guan* (*Die torlose Schranke*, 13./14. Jahrhundert).

6. Gebot: Du sollst ehrlich sein zu dir und anderen

Lügen heißt Leiden schaffen

Jenseits von Moral

Nicht zu lügen gehört im Zen zu den fünf grundlegenden Tugenden, die man zu befolgen hat, will man dem Weg des Buddha folgen. Doch das Zen will Ihnen nicht moralisch kommen. Es braucht keine Moral, um einleuchtend und wirksam zu sein. Dies ist gut, jenes ist böse – solche Kategorien und Bewertungen kennt es nicht. Sie gehören der dualistischen Weltsicht an, und wer in dieser Form kategorisiert und bewertet, redet und denkt in Begriffen des Dualismus, den das Zen ja überwunden sehen will. Aus diesem Grund gilt die Lüge auch nicht als Gegensatz zur Wahrheit, sondern als deren Ergänzung.

Die große Lüge

Letztendlich geht es im Zen um eines: sich durch die Täuschungen hindurchzumühen, die man ab dem Moment der eigenen Geburt angehäuft hat. Nur dann lässt sich dahinter die essenzielle Wahrheit entdecken, die es zu erkennen gilt. Alles liegt hinter Täuschungen verborgen: Wer und wie wir wirklich sind, wer und wie die anderen wirklich sind, wie die

Welt wirklich beschaffen ist. Unser Bild von uns und der Welt ist die große Lüge, die uns im Kreislauf des Leids gefangen hält.

Von Beginn unseres Lebens an werden wir mit Begierden konfrontiert und kennen fortan nur ein Ziel: sie zu erfüllen. Das Mittel dazu sind Täuschung und Verblendung – Lügen. Wir reden uns ein, wir wären glücklich, wenn dieses oder jenes Bedürfnis gestillt wäre. Wenn wir dies oder jenes hätten oder wären. Aber wir täuschen uns. Wir belügen uns, und genauso belügen wir andere, um etwas zu bekommen, sei es nun Liebe, Aufmerksamkeit, Geschenke, einen Job, eine Wohnung.

Tief in uns wissen wir, dass die Wahrheit anders aussieht, wenn uns dies auch nicht bewusst ist. Das Ich hat ein paar sehr effektive Tricks, die uns an dieser Erkenntnis hindern sollen. Schließlich ginge es ihm als Erstes an den Kragen, würden wir plötzlich begreifen, dass uns die Lusterfüllung kein dauerhaftes Glück bringt. Dass der ganze Begierdenzinnober Schall und Rauch ist.

Das Zen sagt: Nur Authentizität (also echte Gefühle) und Aufrichtigkeit (also die Wahrheit) führen euch zu euch selbst. Jede Täuschung oder Lüge dagegen führt euch ein Stückchen weiter weg von euch. Das Zen sagt aber auch: In jeder Sekunde eures Lebens, bei jeder Entscheidung, mit jedem Gedanken, jedem Wort könnt ihr das ändern! Seid ehrlich, und ihr seid eins mit euch!

Wir stehen nicht zu uns – und nicht zum anderen

Lügen heißt immer auch: nicht zu sich selbst zu stehen, sich selbst nicht zu akzeptieren. Fehler anderer bemerken wir sofort, doch eigene wollen wir nicht sehen, Unzulänglichkeiten nicht eingestehen. Oft sollen Lügen solche Schwächen übertünchen. Wir wollen besser dastehen, als wir sind.

Oder wir lügen in Bezug auf unsere Vergangenheit, unser Einkommen, unsere Gefühle, unsere Pläne, Gedanken, Wünsche, weil die Wahrheit anderen nicht zuzumuten zu sein scheint. Sie könnte ihr Bild von uns stören oder ihnen Kummer oder Probleme bereiten. Angst machen. Vielleicht haben auch *wir* Angst vor der Reaktion der anderen. Also verbergen wir, was wir in Wirklichkeit wollen oder sind. Und behaupten, dass wir den Partner noch lieben, dass wir zufrieden sind, dass uns der Job Spaß macht, dass uns die Party gefallen hat, dass wir viermal pro Woche meditieren. Wir stehen nicht zu uns selbst.

Und wir stehen nicht zu dem Menschen, den wir belügen. Wir respektieren ihn nicht, nehmen ihn nicht ernst, halten ihn nicht für so wertvoll, dass wir bereit sind, Unannehmlichkeiten in Kauf zu nehmen, indem wir ihm die Wahrheit sagen. Einem Menschen in die Augen zu sehen und ihn dabei zu belügen bedeutet Distanz, ist ein Fortstoßen des anderen. Es ist ein bewusstes Verletzen um des eigenen Vorteils willen. Sind wir so feige? So armselig? So gierig?

Wir geben anderen Macht

Und noch etwas bedeutet das Lügen: Wir geben anderen Macht über uns. Allein der Gedanke, sie könnten unsere Lügen eines Tages aufdecken, bringt uns in die Position des Unterlegenen. Wir haben uns von anderen abhängig gemacht und müssen ihnen weitere Lügen auftischen, um den Schein zu wahren. Wir müssen wachsam sein, damit wir uns nicht verplappern. Erfahren sie die Wahrheit eines Tages doch, sind wir von ihrem Wohlwollen und Verständnis abhängig, von ihrer Bereitschaft, uns zu verzeihen. Frieden im Herzen, zu dem uns der Zen-Weg führen soll, können wir nur erreichen, wenn wir innerlich von anderen unabhängig sind. Der spirituellen Freiheit muss die emotionale Freiheit vorausgehen.

Ehrlichkeit schafft Probleme

Natürlich, aufrichtig zu sein ist schwierig und oft auch schmerzhaft. Ehrlichkeit schafft Probleme. Es ist angenehmer, sich selbst darüber zu täuschen, wer oder wie man wirklich ist. Wer macht sich schon gern klar, dass er nicht so schön, nicht so begehrt, nicht so perfekt ist, wie er sich selbst sieht? Mit solchen Erkenntnissen und Wahrheiten muss man umgehen können. Man muss sich lieben können (4. Gebot), um den schonungslosen Blick auf die eigenen Unzulänglichkeiten zu ertragen. Doch ohne diesen Blick werden wir nicht wachsen.

Die Fehler der anderen siehst du mühelos,
Doch deine eigenen Fehler siehst du nur schwer;
Die Fehler der anderen sonderst du aus,
Wie man die Spreu vom Weizen sondert,
Doch deine eigenen Fehler versteckst du
Wie ein Falschspieler einen schlechten Wurf.

Aus der buddhistischen Lehrsammlung *Dhammapada*[34]

Probleme entstehen aber vor allem, wenn man *anderen* Menschen gegenüber ehrlich ist. Ehrlichkeit wird in unserer Gesellschaft oft als brutal empfunden. Die wenigsten beherrschen die Kunst der Aufrichtigkeit, die selbstverständlich Mitgefühl für den anderen und Rücksicht auf seine Gefühle einschließt. Ehrlich zu sein darf nicht heißen, dem anderen die Wahrheit ins Gesicht zu spucken und sich nicht darum zu sorgen, wie ihm diese Wahrheit bekommt. So wichtig Aufrichtigkeit ist, man muss sie kommunizieren können.

Dazu gehört, dass man den anderen entsprechend vorbereitet (»Ich muss mit dir reden«), dass man ihm Mitgefühl spiegelt (»Ich weiß, dass dir das wehtut«), dass man in Bezug auf die eigenen Gefühle ehrlich ist (»Ich weiß nicht, wie ich mit dieser Situation umgehen soll«), dass man ihn mit seinen Gefühlen nicht allein lässt (»Wir können jederzeit nochmal drüber reden« / »Das heißt nicht, dass ich dich nicht mehr liebe«).

Ja, Ehrlichkeit schafft »Probleme«, und wenn Sie konsequent ehrlich sind, gehen Sie ganz sicher zumindest für eine Weile den unbequemeren Weg. Ihre Freunde und Verwandten werden sich erst einmal schwertun mit Ihrem Verhalten, genauso Menschen, die Sie kennenlernen. Aber langfristig ernten Sie damit einen Lohn, der mit Geld nicht aufzuwiegen ist: Ganz abgesehen davon, dass Sie innerlich Freiheit gewinnen, schenkt man Ihnen Vertrauen. Einem Menschen, der aufrichtig ist, vertraut man. Ein großartiges Geschenk! Denn Vertrauen heißt, dass man mit diesem Menschen für Momente eins ist.

Übungen zum 6. Gebot

1. Bitten Sie einen Menschen, den Sie mögen, Ihnen ehrlich zu sagen, wie er Sie sieht. Er soll Sie so gut wie möglich beschreiben. Bei dieser kleinen Übung geht es natürlich nicht um die Aufrichtigkeit des anderen, sondern darum, dass Sie lernen, sich selbst gegenüber aufrichtig zu sein. Prüfen Sie das, was Ihr Gesprächspartner über Sie sagt. Wie sieht er Sie? Anders, als Sie selbst sich sehen? Hat er nicht ein wenig recht? Seien Sie ehrlich! Mag sein, dass er sich täuscht. Oder dass ihn seine Gefühle Ihnen gegenüber dazu bewegen, nicht ehrlich zu sein. Vielleicht müssen Sie sich aber auch eingestehen, dass Ihr Bild von sich selbst hier und da aus einer Selbsttäuschung resultiert. Keine angenehme Erkenntnis – aber eine wichtige.

2. Machen Sie sich bewusst, weshalb Sie lügen. Sie erzählen einer Freundin, Ihr Arbeitstag ende in der Regel erst um acht

Uhr abends – statt der Wahrheit entsprechend um sechs? Wollen Sie ihr damit signalisieren, wie wichtig Sie im Büro sind? Oder wie eingespannt? Warum wollen Sie das? Sind Sie neidisch auf sie, die Erfolgreiche? Oder wollen Sie sie nur davon abhalten, abends um sieben bei Ihnen anzurufen und sich auszuheulen? Hinterfragen Sie Ihre Antworten, wenn Sie nicht wissen, welche Gefühle dahinterstecken, und kommen Sie sich auf die Schliche. Indem Sie andere belügen, belügen Sie auch sich selbst. Gestehen Sie sich den Neid ein. Heißen Sie ihn auf die Art »willkommen«, wie das Zen es rät: »Hallo, Neid, na, mal sehen, was ich mit dir anfange«. Und so halten Sie es mit allen Gefühlen und Gründen, die Sie als Ursache Ihrer Lügen identifizieren: Angst, Sorgen, Komplexe, Trotz, Ärger, Egoismus und so weiter.

3. Erschweren Sie sich das Lügen ein wenig. Bevor Sie flunkern, machen Sie sich bewusst, dass Sie die Wahl haben: lügen oder die Wahrheit sagen. Begreifen Sie, dass Sie sich in diesem Moment *absichtlich* für eine Lüge entscheiden. Können Sie das gut begründen? Vor sich rechtfertigen?

Ja? Na gut, dann lügen Sie.

Und anschließend lesen Sie sich das 6. Gebot noch einmal durch!

4. Versuchen Sie doch mal, die Wahrheit zu sagen, wenn Ihnen eine Lüge auf der Zunge liegt. Beginnen Sie da, wo es nicht zu schmerzhaft ist. Ihre Schwiegermutter will am Wo-

chenende anreisen, und Sie wollen es nicht? Die Lüge wäre vielleicht: »Wir haben am Samstag sooo viel zu erledigen, du wärst ganz allein in unserer Wohnung, und das will ich dir nicht zumuten.« Die Wahrheit dagegen wäre vielleicht: »Ich bin vollkommen überarbeitet und brauche mal ein Wochenende lang völlige Ruhe und viel Schlaf.« Oder: »Bei uns ist die Stimmung im Moment nicht gut. Alle sind gereizt, und wir streiten dauernd. Ich fürchte, jeder will jetzt mal für sich sein und am Wochenende allein was unternehmen.«

Wahrheiten, die anderen Enttäuschung bereiten, sollten aber immer mit Mitgefühl und Rücksicht geäußert werden. Signalisieren Sie Ihrer Schwiegermutter, dass es Ihnen leidtut. »Es wäre schön, aber ...« »Vielleicht nächstes Wochenende?« Oder Ähnliches. Falls es Ihnen *nicht* leidtut – nun, dann sollten Sie sich überlegen, woran das liegt, und sich irgendwann dazu durchringen, mit allen Beteiligten ein ehrliches Gespräch zu führen.

7. Gebot: Du sollst bewusst mit deinen Wünschen umgehen

Hahn, Schlange und Schwein

Feurige Gier

Jetzt geht es ans Eingemachte, auch wenn Sie das vielleicht nicht gern lesen: Mit unseren Wünschen fängt es an, das Leiden. Sie fallen unter den Begriff »Gier« und sind dem Zen zufolge eines der »Drei Feuer«, die den Menschen im Kreislauf der Wiedergeburten und damit des Leidens halten. In ihrer leidbringenden Wirkung stehen sie noch vor den beiden anderen, nämlich Hass und Unwissenheit. Wie ein Feuer lodert die Gier in uns, wie ein Feuer verbrennt und zerstört sie uns.

Im Zen werden die »Drei Feuer« auch »Drei Befleckungen« oder »Drei Wurzeln des Unheilsamen« genannt. Ebenfalls treffende Namen, die uns mit dem unschönen Wesen unserer Wünsche, Sehnsüchte, Bedürfnisse, unserer Gier konfrontieren: Sie bringen nichts Gutes.

Haben Sie schon einmal eine Abbildung des buddhistischen Lebensrades gesehen? Im innersten Kreis, als »Motor« der ganzen Konstruktion sozusagen, befinden sich die »Drei Feuer«, dargestellt in Form von Hahn (Gier, weil auf einen Hahn viele Hennen kommen), Schlange (Hass, weil sie Gift in den Zähnen hat) und Schwein (Verblendung, weil es sich so lange im Dreck wälzt, bis es nicht mehr sehen kann).

Das Rad des Lebens, das den Kreislauf der Wiedergeburten darstellt.
In der Mitte: Hahn (Gier), Schlange (Hass) und Schwein (Verblendung)

Ursprünglich sah der Buddha die Gier als alleinige Ursache allen Leides – »Lust ist des Leidens Wurzel«[35], sagte er. Später kam er zu der Überzeugung, dass man den Kreislauf der Wiedergeburten nicht bereits verlassen kann, indem man lediglich die Gier überwindet. Da musste es noch etwas geben – eine Ursache für die Gier. Aus welchem Grund, fragte er sich, entsteht Gier? Weil wir Menschen glauben, wir wären/hätten ein von anderen unabhängiges Ich. Denn dieses Ich »misst allem, was mit ihm in Verbindung steht, einen Wert bei – und *begehrt*«[36]. Also muss man das Ich überwinden, um der Gier Herr zu werden.

Wie wir die Sinnesorgane nutzen

Ist es nicht ein wenig bizarr? Da stattet uns die Natur mit komplexen, empfindlichen Sinnesorganen aus, damit wir in der Lage sind, unsere unmittelbare Umgebung auf Gefahren und Nahrung zu scannen. Und was tun wir? Wir nutzen diese Organe quasi ausschließlich dazu, uns Befriedigung zu verschaffen. Ständig suchen unsere Augen, unsere Nase, unsere Ohren, unser Mund, unser Geist, unser ganzer Körper nach Angenehmem, nach etwas, das uns ein Wohlgefühl verschaffen könnte, wenn es denn dauerhaft bei uns wäre. Wir haften uns daran, holen es uns schließlich, genießen es eine Weile, vergessen es. Alles, was wir über unsere Sinne wahrnehmen, nehmen wir nur in Verbindung mit dem Vergnügen (und folglich auch dem Unvergnügen) wahr! Als wären wir ein gefräßiges kleines Nagetier, das alles verschlingen muss, was in sein Blickfeld gerät ... Oder ein Affe, der sich an Früchte klammert (so ist das Anhaften im Rad des Lebens symbolisiert).

Wir alle haben lange genug, nämlich seit wir auf der Welt sind, versucht, durch unsere Sinneskontakte volle Befriedigung zu finden, und es ist uns niemals gelungen. Wir haben immer nur momentanes Vergnügen erreicht. Wenn wir also wirklich einmal Frieden haben wollen, müssen wir bereit sein, das aufzugeben, was uns keine Befriedigung gebracht hat.[37]

Ayya Khema

Die Gier schafft den Hass

Erst unsere Gier bringt den Hass in die Welt, das heißt Ärger, Wut, Zorn, jegliche Aggression. Diese Emotionen entstehen dann, wenn die Wünsche und Begierden des Ichs nicht erfüllt oder aber enttäuscht werden.

Dass unser Ich überhaupt eine Begierde entwickelt, liegt an dem Irrglauben, es wäre dauerhaft zufrieden, wenn es etwas Bestimmtes, außerhalb von ihm Liegendes bekäme. Es ist verblendet. Auf diese Weise versucht es, die Trennung vom anderen (Gegenstand, Mensch) zu überwinden, die die dualistische Weltsicht nun einmal impliziert. Wo ein Ich, da ein Du und somit eine schmerzhafte Getrenntheit, die wiederum eine quälende Unvollkommenheit und Einsamkeit impliziert. Ohne den anderen, das andere sind wir unvollkommen ... Sie sehen, wie die einzelnen Aspekte zusammenhängen und ineinandergreifen? Dualistische Weltsicht, Verblendung, Gier, Hass?

Und das alles nur, weil wir nicht nach innen blicken, sondern unablässig mit dem Außen beschäftigt sind. Unsere Sehnsucht richtet sich nach draußen auf ein Ding oder einen Menschen; für unseren Zorn machen wir nicht uns selbst, sondern den (äußeren) Auslöser verantwortlich; die Lösungen für unsere Probleme liegen selbstverständlich ebenfalls »da draußen«. Kein Wunder, dass wir im Leben nicht wirklich vorankommen, wenn immer nur der/das andere Schuld und Verantwortung trägt! Wie abhängig sind wir, wenn wir so denken!

Im Gegensatz dazu geht das Zen den Weg nach innen. Wer Zen praktiziert, wendet seinen Geist in sich hinein und sucht in sich nach all dem, wonach andere draußen suchen. Er weiß, dass sowohl die Ursache seiner Sehnsüchte und seines Zorns wie auch die Befreiung davon nur in ihm selbst zu finden und zu realisieren sind.

Glück kommt nicht von außen

All dies heißt nun nicht, dass Sie keine Wünsche oder Bedürfnisse mehr haben »dürfen«. Sie sollen lediglich Ihre Einstellung dazu ändern.

Im Grunde Ihres Herzens wissen Sie genauso gut wie ich und wie der Buddha, dass Ihr Leben nicht glücklicher wird, wenn Sie sich nach außen gerichtete Bedürfnisse erfüllen. Gut, für einen Tag, eine Woche, einen Monat werden Sie zufriedener sein, wenn Sie sich ein Haus, ein neues Auto, Schmuck, neue Schuhe kaufen. Doch wie stabil ist diese Zufriedenheit? Oft genügt ein einziger kritischer Blick des Chefs, und Verunsicherung und Unzufriedenheit schwappen wieder über Sie, und das neue Haus ist nicht einmal mehr Trost, sondern Belastung – wie die Raten abzahlen, denken Sie, wenn ich gefeuert werde?

Und wenn es nicht der Blick des Chefs ist: Irgendwann holt Sie die Vergänglichkeit aller Dinge ein – die Freude erlischt, der Geliebte geht, das teuere Kleid nutzt sich ab. Was bleibt, ist oft genug Enttäuschung. Das Leben insgesamt ist nicht besser geworden. Also richten Sie das Augenmerk auf andere Dinge, produzieren neue Wünsche, erfüllen sie sich, sehen erneut die Freude im Strom der Vergänglichkeit verblassen.

Warum wollen Sie aus diesen Erfahrungen nicht lernen? Sie wissen doch, wie es abläuft! Dass Sie am Ende nur *wieder* traurig sind! Warum erwarten Sie immer noch, dass Ihre Wünsche Sie zum wahrhaften Lebensglück führen? Der neue Partner, die neue Küche, der neue Job? Ganz abgesehen davon, dass Schönes auf diese Weise noch schneller schal wird, weil Sie es mit unrealistischen Erwartungen belasten: Es wird nicht funktionieren, und das wissen Sie.

Also: Wünschen Sie ruhig weiter. Kaufen, erobern, verändern Sie Ihren Sehnsüchten entsprechend. Dagegen ist ja gar nichts zu sagen, wenn man so im westlichen Leben steht wie Sie. Aber erwarten Sie, wie Ayya Khema es formulierte, davon »kein bleibendes Glück und keinen inneren Frieden«[38] mehr. Die kriegen Sie nicht durch etwas von draußen – nur durch etwas von drinnen.

Die wichtigsten Begriffe im Zen: Kette des bedingten Entstehens

Wenn im Zen von Abhängigkeit die Rede ist, bezieht sich das in den meisten Fällen auf die sogenannte »Kette des bedingten Entstehens«. Alle Wesen – auch wir Menschen – sind Teil einer geschlossenen »Kette« und werden von etwas anderem davor bedingt und bedingen wiederum etwas anderes danach. Symbolisiert wird diese Abhängigkeit durch das Rad des Lebens, einer bildhaften Darstellung des karmischen Systems von Leben, Sterben und Wiedergeburt.

Die einzelnen Glieder (im Rad des Lebens zwölf) sind beispielsweise ein blinder Mann (Nicht-Wissen, Verblendung), ein Töpfer (Tatabsicht), Häuser mit Türen und Fenstern (über die Sinnesorgane nehmen wir Reize aus der Umwelt wahr), zwei Liebende (wir berühren die wahrgenommenen Dinge, stellen einen Bezug zum Ich her), ein Mann mit einem Pfeil im Auge (wegen unserer Gefühle sind wir für den rechten Weg blind), ein Affe, der sich an Früchte klammert (wir haften an) und so weiter. Der kausale Zusammenhang in diesen Beispielen wäre dann:

- Verblendung (blinder Mann) führt dazu, dass wir »falsche« Absichten (Töpfer) fassen, nämlich solche, die Karma schaffen und uns deshalb im Kreislauf der Wiedergeburten halten.
- Wir nehmen Reize aus der Umwelt wahr (Häuser mit Türen und Fenstern), setzen sie in Bezug zu uns (zwei Liebende), entwickeln deshalb Gefühle und begehren (Mann mit Pfeil im Auge), was uns wiederum dazu bringt anzuhaften (Affe mit Früchten).

Übungen zum 7. Gebot

1. Für jedes der »Drei Feuer« kennt das Zen ein »Gegenmittel«, mit dessen Hilfe man es überwinden kann. In Bezug auf die Gier und ihre Ursache, das Ich, heißt das: Man muss begreifen dass das Ich in der Form, wie wir es definieren, nicht existiert, also als unabhängiges, konstantes Selbst. Das, sagt das Zen, ist Teil der Verblendung des Menschen. Was wir als Ich bezeichnen, ist lediglich »ein Bündel körperlicher und geistiger Bestandteile, die von der Begierde in Bewegung gehalten werden«[39]. Diese Einsicht, verbunden mit der Erkenntnis, dass wir Teil einer Kette voneinander abhängiger und einander bedingender Glieder sind, lässt uns die Ursache der Gier überwinden.

2. Probieren Sie es einmal mit dem Gegenteil von Gier, mit Freigebigkeit. Gewöhnen Sie sich an zu geben, wenn Sie es nicht ohnehin schon tun. Kleine Gesten, freundliche Worte, hin und wieder eine Aufmerksamkeit – mehr muss es gar nicht sein. Sie sollen weder hinsichtlich der Gier noch der Freigebigkeit maßlos werden.

3. Überprüfen Sie Ihre Bedürfnisse, das »Ich will« genauso wie das »Ich will nicht«. Brauchen Sie das, was Sie sich da kaufen oder besorgen wollen, wirklich? Sie wissen, dass es Ihr Leben nicht dauerhaft glücklicher machen, sondern nur für

einen Moment Vergnügen bereiten wird. Dann wird es schal, liegt herum, ist bald vergessen. Wollen Sie sich wirklich emotional so an irgendein Ding heften? Und brauchen Sie das Größte, Schönste, Teuerste? Warum denn eigentlich? Um damit ein bisschen anzugeben? *Daraus* ziehen Sie Selbstbewusstsein? Haben Sie denn das 4. Gebot nicht gelesen – du sollst dich selbst lieben?? Und jetzt gehen Sie los, und kaufen Sie! Sie müssen nicht verzichten, Sie sollen nur anfangen nachzudenken.

4. Und noch ein Aspekt, über den nachzudenken sich lohnt: die Sache mit den Sinnesorganen. Augen und Ohren sind die Fenster, durch die Reize aus der Umwelt zu uns dringen. Alle Reize werden, so haben wir es im Westen gelernt, vom Ich bewertet. Gefällt mir, gefällt mir nicht, ist mir gleichgültig. Auf so banale Weise entstehen Bedürfnisse, nicht anders. Und wir machen so ein Tamtam darum! Haken Sie ein, bevor der Bewertungsprozess beginnt. Bewerten Sie einfach einmal nicht. Kein »gefällt«, »gefällt nicht«. Einfach ein »aha, da ist …«

> Mit Sanftheit überwinde den Ärger,
> Mit Güte überwinde den Hass.
> Mit Großzügigkeit überwinde die Selbstsucht,
> Mit Wahrhaftigkeit überwinde die Lüge.
>
> **Aus der buddhistischen Lehrsammlung *Dhammapada*[40]**

8. Gebot: Du sollst Verantwortung für dich und die Welt übernehmen

Weisheit und Selbstverantwortung

Alles, was war, ist und sein wird

»Weisheit fängt immer damit an, dass wir Selbstverantwortung übernehmen und aufhören, andere dafür verantwortlich zu machen, was mit uns geschieht«[41], sagte Ayya Khema. Ein Satz, der genauso gut zum Buddhismus wie zu westlichen Therapieformen passt.

Im Zen beantwortet sich die Frage nach der Selbstverantwortung von selbst – Karma. Was uns in diesem Leben passiert, haben wir durch unser Verhalten im vorigen Leben selbst zu verantworten. Was wir in diesem Leben denken, sagen, wollen, tun, beeinflusst die »Erscheinungsform«, in der wir ins nächste Leben wiedergeboren werden. Alles, was war, ist und sein wird, liegt in unserer Verantwortung.

Wenn Sie nicht an Karma und Wiedergeburt glauben (oder wie ich noch immer nicht wissen, ob Sie es tun), wird es Ihnen vielleicht schwerer fallen, Verantwortung für sich und das Leben zu übernehmen, das Sie leben. Zu gern machen wir andere oder die Umstände verantwortlich.

Denn uns selbst in die Verantwortung zu nehmen bedeutet ja auch einzusehen, dass nur wir an unserem Leben etwas ändern können. Dass wir an unserem Leid (zumindest überwiegend) selbst schuld sind. Es ist eine Aufforderung, mit dem Klagen aufzuhören, aktiv zu werden, uns selbst und unser Leben einer kritischen Überprüfung zu unterziehen. Was läuft falsch? Habe ich mich in Situationen begeben, die mir nicht guttun? In Abhängigkeiten? Weshalb? Lebe ich eigentlich wirklich authentisch?

Heikle Fragen, weil die Antworten den Status quo gefährden könnten. Es ist einfach, sich in einer mittelprächtigen oder gar leidvollen, aber wenigstens vertrauten Situation einzurichten. Es ist schwer, sich daraus zu befreien und sich dem Unbekannten zu stellen.

Die wichtigsten Begriffe im Zen: Karma

Über das Karma gibt es im Westen viele Vorurteile und Missverständnisse. Häufig verwendet man das Wort gleichbedeutend mit »Schicksal«. Das Schicksal kann man nicht beeinflussen ... Eine liebe Freundin von mir seufzte immer, sobald ihr etwas Unangenehmes widerfuhr: »Ich hab eben ein schlechtes Karma.« Dabei sah sie mich so unschuldsvoll-hilflos an, dass ich mir ein Lächeln nicht verkneifen konnte. Denn natürlich sind wir an unserem Karma *nicht* schuldlos. Ayya Khema erklärte den Begriff mit dem Sprichwort »Wie du säest, so wirst du ernten«. Nur haben wir, dem Buddhismus zufolge, in einem früheren Leben gesät.

Karma ist Sanskrit und heißt in etwa »Wirken, Tat«. Jede Absicht, jeder Gedanke, jede Tat erzeugt Karma. In welcher Existenzform man dereinst wiedergeboren wird, entscheidet sich allein durch das Karma, das man im aktuellen Leben ansammelt. Ursache und Wirkung!

Es gibt heilsames und unheilsames Karma; mit dem einen sammeln wir »Pluspunkte« (bessere Erscheinungsform im nächsten Leben), mit dem anderen »Minuspunkte« (schlechtere Erscheinungsform im nächsten Leben). Für beide tragen ausschließlich wir selbst die Verantwortung. Und beide sind für den Buddhisten letztlich negativ – denn auch heilsames Karma bedeutet, dass man im Kreislauf der Wiedergeburten verbleibt. Erst wenn ein Mensch *gar kein* Karma mehr anhäuft, kann er das Rad des Lebens verlassen und ins Nirvana eingehen.

Unser Karma wirkt sich aber nicht nur auf uns aus, sondern auch auf alle anderen Lebewesen, ja auf die ganze Welt. Sylvia Wetzel formulierte das auf eine sehr schöne Art: »Jeder weise, mitfühlende, großzügige Gedanke ist ein Baustein zu einer besseren Welt. Jeder hasserfüllte Gedanke vergrößert das Leid.«[42] Das funktioniert so ähnlich wie die Chaostheorie – Sie wissen schon, die Schmetterlinge in China, die ein Erdbeben in Südamerika auslösen können.

Denn alles, was Sie tun, hat Auswirkungen auf andere Personen, weil sie in irgendeiner Form davon betroffen sind. Emotional, geistig, finanziell, körperlich und so weiter. Indem sie reagieren, setzt sich die Kette fort – ihre Reaktion hat Auswirkungen auf die Personen, die davon betroffen sind. Ärgert sich Ihr Mann über etwas, das Sie getan haben, spricht er vielleicht mit einem Kollegen darüber und schnauzt seine Sekretärin an. Schon sind der Kollege und die Sekretärin betroffen. Wohlgemerkt: Die Verantwortung dafür liegt nicht bei Ihnen, sondern ausschließlich beim Betroffenen, beim Reagierenden. Denn *wie* er reagiert (mit Ärger, mit Eingeschüchtertheit), entscheidet er selbst.

Jeder Gedanke, jede Handlung verändert den, der denkt und handelt. Sie hinterlässt eine Spur in ihm, die künftige Gedanken oder Handlungen prägt. Stellen Sie sich vor, wie viele Auswirkungen ein einziges Wort, eine einzige Handlung haben!

Wenn Sie nicht an Wiedergeburt glauben, können Sie dem Karma-Gedanken trotzdem viel Nützliches entnehmen. Denn all das, was Sie in diesem Leben tun, hat auch in diesem Leben Auswirkungen. Wer Sie heute sind, ist die Konsequenz aus all dem, was Sie bislang getan, gedacht, gefühlt oder eben nicht getan, nicht gedacht, nicht gefühlt haben. Ursache und Wirkung ...

Verantwortung bildet

An der Einsicht, dass nur wir für unser Handeln und Denken verantwortlich sind, führt kein Weg vorbei, wenn wir zu uns selbst kommen wollen. Sie ist die Voraussetzung dafür, wie das Zitat von Ayya Khema verdeutlicht. Unsere Gedanken, Gefühle, Wünsche, Sätze, Taten – unsere Verantwortung. Ein anderer Mensch oder ein Ereignis mag der Auslöser sein, doch unsere Reaktion haben wir selbst zu verantworten. Wir können entscheiden, ob oder wie und in welcher Intensität wir reagieren.

Aber das hören wir nicht gern. Stattdessen machen wir den Auslöser unserer Wut, Angst, Liebe verantwortlich. Das Außen, nicht das Innen. Als wären wir fremdgesteuert, hätten alle Macht über unsere Reaktionen abgegeben. Sind wir pawlowsche Hunde? Nein, wir sind Menschen und haben *immer* die Wahl. Wir sind nur oft zu feige oder zu bequem dazu, Verantwortung zu übernehmen.

Wer zu seiner Verantwortung steht, wird möglicherweise mit Vorwürfen und Kritik konfrontiert. Wer sich dagegen wegduckt, wird nicht gesehen. Er muss sich nicht mit den Konsequenzen auseinandersetzen, kann sich selbst belügen. »Ich war das ja gar nicht, das waren die Umstände.« »Das schlechte Wetter.« »Meine Kinder sind halt so aggressiv, ich kann nichts dafür.« »Mein Leben ist öde, warum habe ich so ein Schicksal?«

Die Verantwortung für Fehler oder irgendein Ungemach nicht selbst zu übernehmen ist kurzsichtig. Es bringt für den Moment scheinbare Vorteile – wir haben kein schlechtes Gewissen, müssen uns nicht eingestehen, dass wir nicht perfekt sind, wir werden nicht mit Selbstzweifeln oder Schuldvorwürfen konfrontiert, müssen uns bei niemandem entschuldigen.

Aber: Wir entfernen uns immer weiter von uns selbst, weil wir uns belügen. Wir benehmen uns wie Kinder, indem wir die Verantwortung »den anderen« (anstelle der Eltern) zuschanzen. Wir werden die bleiben, die wir sind: Menschen, die nicht zu sich selbst stehen können, nicht erwachsen werden wollen. Menschen, denen man nicht vertrauen möchte, weil sie einknicken, nicht für die Konsequenzen ihres Handelns, Denkens, Redens einstehen wollen.

Das Wichtigste aber ist: Wir lernen nicht. Wir wachsen nicht, weder in den eigenen Augen noch in denen anderer. Aus einem schlechten Gewissen kann ein wenig mehr Weisheit entstehen. Aus dem Eingeständnis, dass wir nicht perfekt sind, kann ein realistischeres, liebevolleres Bild von uns selbst entstehen. Aus Selbstzweifeln kann Selbsterkenntnis und daraus Selbstwert entstehen. Aus Schuldgefühlen kann Demut entstehen. Eine Entschuldigung kann uns den Respekt anderer einbringen.

Wie das Leben wirklich ist

Verantwortung für das eigene Leben und Verhalten zu übernehmen bedeutet aber noch mehr, als zu wachsen, sich der Weisheit zu nähern, von der Ayya Khema sprach. Es heißt, dass wir das Leben annehmen, und zwar so, wie es ist. Wir sehen es ein wenig mehr so, wie es wirklich ist, losgelöst von unserer Reaktion darauf.

Wenn ich traurig bin, weiß ich, dass es dafür möglicherweise einen äußeren Auslöser gibt, doch die Traurigkeit entsteht *in mir*. Ich muss mich nicht mit ihr identifizieren (bringt nur noch mehr Anhaften und Leid), aber ich übernehme die Verantwortung für sie. Alles, was in mir oder durch mich geschieht, liegt in meiner Verantwortung. Da draußen ereignet sich etwas, und ich reagiere mit Traurigkeit darauf. Oder mit Freude. Oder mit Lust. *Ich selbst* bin verantwortlich für die Traurigkeit, die Freude, die Lust.

Das, was sich ereignet, ist erst einmal neutral. Es *ist*. Mehr nicht. Schlechtes Wetter ist nicht per se ein Traurigkeitsauslöser. Ich muss mich davon nicht beeinflussen lassen. Selbst wenn jemand stirbt, zwingt mich niemand, traurig zu sein. Für die Trauer entscheide ich mich selbst, weil in mir die Bereitschaft dazu existiert, weil ich anhafte. Das Leben selbst ist nicht traurig. Es ist auch nicht schön. Oder anstrengend. Oder einfach. Es geschieht bloß, es ist. Dass es mich unglücklich oder glücklich »macht«, ist allein meine Entscheidung.

Kritik

Was es uns oft erschwert, Verantwortung für unser Handeln zu übernehmen, ist die Angst vor Schuldzuweisungen, Vorwürfen, Kritik. Wenn unser Selbstwertgefühl intakt ist, können wir solche Reaktionen aushalten. Wenn nicht, tun sie weh und untergraben das (ohnehin geringe) Selbstbewusstsein.

Aber was ist eigentlich schlimm daran, wenn Sie mal etwas sagen oder tun, das nicht der Weisheit letzter Schluss ist? Wenn Sie etwas falsch machen? Sich ein bisschen dumm verhalten? Das heißt ja nicht, dass Sie dumm *sind.* Stehen Sie dazu. Sie können nicht alles wissen oder beherrschen, und Sie müssen auch keine Fassade der Allwissenheit vor sich hertragen. Stehen Sie *zu sich.* Sie tun was Blödes? Kann passieren. Nehmen Sie sich's zu Herzen, lernen Sie, entschuldigen Sie sich, wenn nötig – aber gestehen Sie sich doch zu, dass Sie nicht perfekt sind.

Das gilt natürlich auch für andere! Nehmen Sie Fehler oder Dummheiten anderer nicht so schwer. Müssen Sie Ihrem

Mann einen Vorwurf machen, weil er mal schlecht einparkt? Müssen Sie es überhaupt kommentieren? So streng wollen Sie sein? Warum? Ist es wirklich so wichtig? Muss er perfekt sein? Wenn ja, dürfen Sie sich nicht wundern, wenn er auch von Ihnen Perfektion erwartet.

Treten Sie für Ihre Überzeugung ein. Schon das hilft, Selbstbewusstsein zu tanken. Sie sind davon überzeugt, dass jeder Verantwortung für das trägt, was er sagt und tut? Dann bekennen Sie sich zu *Ihrer* Verantwortung, auch wenn Sie wissen, dass es dann Kritik und Vorwürfe hagelt.

Einfluss und Macht

Verantwortung für das eigene Leben zu übernehmen heißt auch: Sie fühlen sich ein Stückchen freier und unabhängiger. Sie besitzen die Fähigkeit, Fehler einzusehen und einzugestehen. Das hat Größe, signalisiert Stärke. Sie können anderen in die Augen sehen, müssen sich nicht wegducken und rausreden. »Ja, ich weiß, das war jetzt nicht so toll.« »Ja, das war mein Fehler.« »Ja, da hab ich leider nicht an dich gedacht, sondern nur an mich.« Sie sind mutig genug, die Wahrheit auszusprechen, auch wenn Sie sich damit scheinbar in ein schlechtes Licht rücken. Sie müssen vor dem anderen nichts verbergen, und das bedeutet: Sie geben ihm (zumindest in dieser Hinsicht) keine Macht über sich. Sie zeigen ihm, dass Ihnen die Wahrheit wichtiger ist als sein Bild von Ihnen.

Ganz abgesehen davon: Wenn Sie zu Ihrem Verhalten stehen, begreifen Sie, welchen Einfluss Sie auf andere und damit auf die ganze Welt haben. Wie immer kleiner werdende Wellen setzt sich fort, was von Ihnen ausging. Vielleicht macht Ihnen diese Erkenntnis ein wenig bewusster, dass Sie in ein großes Netz hineingewoben sind, in dem alles irgendwie miteinander verbunden ist.

Nicht dass wir für alle Bewegungen der Welle verantwortlich wären – wir sind »lediglich« der Auslöser. Dafür müssen wir die Verantwortung übernehmen. Der Auslöser ist ein Teil der Welle. Ohne ihn wäre sie nicht entstanden. Dass sie sich fortsetzt, liegt nicht mehr an ihm. Sie würde sich nicht fortsetzen ohne die Reaktion des nächsten Beteiligten. Und so weiter.

Sicher, es gibt immer Menschen, die sehen das anders. Sie behaupten, wir seien »schuld« (nicht nur verantwortlich!) an dem, was sie über uns denken, oder was sie wegen uns fühlen. Und wenn sie dann »deshalb« einen schlechten Tag haben und Kollegen anschnauzen, dann sind wir daran auch »schuld«. Blödsinn. Ein erwachsener Mensch hat immer die Wahl, wie er reagiert, wie er mit seinen Gefühlen umgeht. Solche Vorhaltungen sagen viel über den, der sie äußert, und wenig über Sie.

Übungen zum 8. Gebot

1. Alles, was wir tun, sagen, fühlen, denken, wird bewertet – es ist toll, schlecht, nett, idiotisch, egoistisch und so weiter. Wenn nicht von anderen, dann von uns selbst. Hier können

Sie ansetzen. Bewerten auch Sie sich und andere? Warum? Warum muss alles bewertet werden? Noch dazu negativ? Menschen sprechen, denken, handeln, und in den meisten Fällen tun sie damit nichts allzu Schlimmes. Sehen Sie das, was geschieht, doch mal aus der Distanz. Lassen Sie es geschehen, ohne es zu bewerten. Lassen Sie den anderen ihre Individualität, ihre Eigenheiten. Auch Sie haben welche und freuen sich, wenn Sie nicht dauernd dafür kritisiert werden. Lernen Sie, nicht mehr alles zu bewerten. Was geschieht, geschieht. Das Leben ist.

2. Wenn Sie nicht mehr alles bewerten, was andere tun, können Sie vielleicht auch objektiver mit sich selbst umgehen. Geißeln Sie sich nicht für eine Dummheit, einen Fehler. Sicher, es war nicht okay, dass Sie Ihre Nachbarin beschimpft haben. Aber Sie haben sie schließlich nicht umgebracht. Ordnen Sie die Schimpferei ein, wie sie objektiv eingeordnet gehört. Quälen Sie sich nicht mit Selbstvorwürfen. »Ich bin ja wie meine cholerische Mutter!« »Ich darf diese nette Frau doch nicht anschreien!« Sie haben gestritten, geschimpft, nun ist es vorbei. Entstanden, vergangen. Indem Sie sich bei Ihrer Nachbarin entschuldigen, übernehmen Sie die Verantwortung für Ihr Verhalten. Und Sie haben wieder etwas über sich gelernt: beispielsweise, wo Ihre Grenze ist. Welches Verhalten, welcher Ton, welches Wort Sie ärgert. Seien Sie gnädig mit sich, verzeihen Sie sich.

3. Beobachten Sie andere Menschen. Wie gehen sie mit Verantwortung um? Übernehmen sie sie? Suchen sie nach Ausflüchten? Spielen sie runter, was sie getan oder gesagt haben, nur um keine Verantwortung dafür übernehmen zu müssen? Warum machen sie das? Was bedeutet das für Sie? Für Ihr Bild von den anderen?

9. Gebot:
Du sollst dem Fluss des Lebens keinen Widerstand entgegensetzen

Von der Natur der Dinge

Zen und Dao

Wie schon erwähnt, gelangte der Buddhismus im ersten nachchristlichen Jahrtausend von Indien nach China. Jahrhundertelang entwickelte er sich dort unter dem Einfluss des Daoismus, jener großen chinesischen Lehre vom rechten Weg. Viele daoistische Begriffe und Konzepte finden sich deshalb im Zen wieder, beispielsweise die Forderung, das Ich zu überwinden (»Ist das Ich nicht mehr, so gibt es keine Gefahren«, sagte Laozi[43]), oder das absichtslose Handeln. Und so ist auch die Ansicht, man solle dem Fluss des Lebens keinen Widerstand entgegensetzen, eine der Kernaussagen des Daoismus.

Das chinesische Wort *dao* heißt zum einen »Weg, Lehre« und wird zum anderen als Wirkprinzip verstanden, als grundlegendes Gesetz des Universums. Das Dao regelt den natürlichen und sinnvollen Verlauf aller Dinge. Die Ordnung, die daraus entsteht, ist vollkommen. Alle naturgemäßen Veränderungen, die sich im Universum vollziehen, gehen auf das Dao zurück. In dem Moment, wo der Mensch eingreift, wird der Dao-Verlauf gestört, die Ordnung aus dem Gleichgewicht gebracht. Deshalb ist im Daoismus das »Nicht-Handeln« höchstes Prinzip.

Wir müssen zur Erkenntnis gelangen, dass alle Dinge Teil eines komplexen und vielschichtigen, ineinandergreifenden Gefüges sind, das wir nicht verstehen können. Wenn wir nur ein Element aus diesem Gleichgewicht entfernen, riskieren wir die Zerstörung aller anderen.[44]

Solange der Mensch stillhält, ist also alles gut!

> Himmel und Erde verharren im Nichts-Tun
> und nichts bleibt ungetan.[45]
>
> **Zhuangzi, neben Laozi bedeutendster Dao-Philosoph, 4. Jh. v. Chr.**

Frei von Handeln

Im Zen wird der Begriff Nichts-Tun seltener verwendet. Er impliziert ja auch Nichtstun, Faulheit, Stagnation, fanden die strengen Japaner. Stattdessen sagt man »frei von Handeln« oder »Abwesenheit von Handeln«, wie der chinesische Zhan-Meister Linji es nannte.

Nun bedeutet »frei von Handeln« natürlich nicht, nichts zu tun. Es ist die Alternative zum störenden Wirken des Menschen, nämlich das Wirken im Sinne des Dao. Wenn sich Grashalme im Wind beugen, Blätter im Herbst zu Boden fallen, eine Möwe über den Himmel zieht, dann ist das »frei von Handeln«. Es geschieht ohne eigene Absicht, ist frei von Begierden und Berechnung. Grashalme, Blätter, Möwe, sie alle gehorchen der Natur. Nur so, heißt es im Dao wie im Zen, ist es möglich, das Leben in all seiner Fülle zu leben.

Wer diesen Weg geht, lebt »im Einklang mit der Schöpfung«[46]. Er vertraut sich dem Leben (Dao) an. Er vertraut darauf, dass es die Dinge, die aus der Natur entstanden sind, auf die einzig sinnvolle Art geschehen lässt, eben die Art der Natur, und das bedeutet: vollkommen. In allem, Kleinstem wie Größtem, ist Dao, und alles hängt miteinander zusammen – sei es nun durch ein ineinandergreifendes Gefüge (Daoismus) oder die Kette des bedingten Entstehens (Zen). Alles ist Dao und wird von ihm bestimmt. Auch Sie sind Dao, auch durch Sie wirkt es, wenn Sie das zulassen.

Nehmen wir ein konkretes Beispiel: das Gehen. In der Regel gehen Sie, ohne darüber nachzudenken, wie das Gehen geschehen soll. Dass Sie einen Fuß vor den anderen setzen müssen usw. Sie gehen einfach. In Ihrem Körper ist die Veranlagung zum richtigen (dem Dao gemäßen) Gehen genauso angelegt wie zum richtigen Leben.

Denn das ist Dao. Die Dinge, die zu tun sind, tun, wie sie zu tun sind, also der inneren, aus der Natur entstandenen und an der Natur orientierten Veranlagung entsprechend. Ohne zu analysieren, zu bewerten, künstlich zu verändern, ohne sich diesem natürlichen Antrieb zu widersetzen. Veränderungen akzeptieren, ohne das Alte festzuhalten und das Neue abzulehnen. Das Leben in seiner Vergänglichkeit anzunehmen. Zuzulassen, dass sich auch alles andere seiner Natur (dem Dao) entsprechend entwickelt. Was gibt es Vollkommeneres als einen Baum, der jahrelang wachsen konnte, ohne dass der Mensch eingegriffen hat? Als ein wildes Reh? Als die Berge? Alles trägt eine Art »Bauplan« und zugleich die Energie in sich, diesen Bauplan zu realisieren – wenn nur der Mensch nicht dazwischenfunkt. Natur und Natürlichkeit sind die Maßstäbe, nicht die menschliche Gier.

Freunde des Zhan: So mancher Kahlkopf bemüht sich eifrig, den Weg aus der Welt und zu sich selbst zu finden. Welch ein Irrtum! Wer Buddha sucht, wird ihn verlieren. Wer das Dao sucht, verliert das Dao.

Linji, chinesischer Zhan-Meister, gest. ca. 866

Das Leben, wie es ist

Doch das fällt uns unendlich schwer: nicht dazwischenzufunken. Unser Leben entspricht nicht unseren Vorstellungen, und so versuchen wir unablässig, es zu »verbessern«, egal, ob wir damit unserem natürlichen Bauplan folgen oder nicht. Wir glauben, dass wir einen neuen Partner brauchen, um glücklicher zu werden. Wir glauben, dass wir uns eine Eigentumswohnung kaufen müssen, um im Alter abgesichert zu sein. Was wir nicht alles haben oder tun wollen, damit wir uns wohler fühlen! Hauptsache, wir haben und sind mehr als im Augenblick.

Aber können wir darauf vertrauen, dass es klappt? Dass wir mit dem neuen Partner wirklich glücklicher werden? Nein. Nichts ist ungewisser als das. Er könnte sich morgen in eine andere verlieben. Übermorgen mit dem Flugzeug abstürzen. Aber das lassen wir nicht gelten. Lieber bauen wir unser

Lebensglück auf Sand. Vergänglichkeit? Veränderung? Nicht in unserem Leben!

Und so gestalten wir das Leben im Sinne unseres Ichs, das von Begierden geleitet wird, die nur Leid bringen. Wir ignorieren, dass alle Menschen, alle Dinge einen Bauplan in sich tragen, der sie (uns) vielleicht in eine ganz andere Richtung lenken würde, wenn wir oder sie das zuließen oder überhaupt nur wahrnehmen würden. Und so leben wir fern unserer eigentlichen »Bestimmung«. Der »natürliche« Weg gefällt uns nicht. Wir wollen einen anderen gehen. Das Leben, das ist, passt uns nicht. Wir bevorzugen ein anderes.

Dabei gibt es nur eines, worauf wir uns wirklich verlassen können – mit den Worten von Charlotte Joko Beck: »das Leben, wie es ist«. Denn den »Dingen so zu vertrauen, wie sie sind, ist das Geheimnis des Lebens«[47]. Da wir selbst Teil dieses Lebens sind, da wir selbst der Natur entstammen, wissen wir eigentlich intuitiv, welche Handlungen und welcher Weg in unserem Alltag der Natur und dem Dao entsprächen. Unsere innere Stimme, die Buddha-Natur, weiß es. Aber dieses Wissen ist unter all den Gefühlen und Begierden und Täuschungen verschüttet, in die wir uns Tag für Tag tiefer verstricken.

Erkenne dich selbst!

So schließt sich der Kreis vom Dao zum Zen und vom Zen zum Dao.

Widerstand zwecklos

Der Fluss fließt. Das Leben ist. An beidem können wir nichts ändern. Und wenn wir uns auf den Kopf stellen oder in den Weg. Das Einzige, was passiert, ist, dass wir nass werden und uns im Widerstand aufreiben. Manchmal muss man Widerstand leisten, das steht außer Frage. Aber auch dann kann es im Einklang mit dem Dao geschehen, wenn nämlich der Widerstand das Dao ist, der Fluss.

Aber hier geht es um etwas anderes. Wir wollen das Leben, wie es ist, nicht akzeptieren, weil wir es nicht für ausreichend gut befinden. Wir sehen nicht, was wir alles haben und sind, wir sehen nur, was wir alles nicht haben und nicht sind. Wir leisten gegen das eigene Leben Widerstand, und dabei können wir nur verlieren. Wir werden verletzt und verletzen selbst, wir entfernen uns von unserem eigentlichen Weg, weil wir nicht akzeptieren wollen, dass er weniger glorreich ist, als wir es gern hätten.

Statt uns mit dem Leben zu verändern, wollen wir uns durch Bedürfnisbefriedigung verändern. Lassen wir uns doch in Zukunft ein wenig mehr treiben. Leben wir, ohne ununterbrochen Pläne, Ziele, Bedürfnisse zu haben. Die Chancen und Möglichkeiten kommen, wenn die Zeit dafür reif ist – und es werden großartige Chancen und Möglichkeiten sein, weil sie adäquat sind. Sie kommen aus unserem Inneren. Wir müssen nichts forcieren. Vertrauen wir uns dem Leben an! Wir sind Natur, wir stammen aus der Natur, warum sollen wir uns nicht ihren Gesetzen anvertrauen?

Übungen zum 9. Gebot

1. Wie erkennen wir, was dem Fluss des Lebens entspricht und was nicht? Woher wissen wir, ob wir in irgendeiner Form aktiv sein sollen oder nicht? Auf welche Weise wir aktiv sein sollen? Nun, den Lauf des Lebens zu erkennen und zu akzeptieren gehört zu den schwierigsten Aufgaben im Zen. Wir müssen unsere Intuition schärfen, müssen die Natur, die Weisheit in uns entdecken. Unser Innerstes korrespondiert mit dem Außen. Die Daoisten sagen, Mikrokosmos (Mensch) und Makrokosmos (Erde, Himmel) entsprechen einander in ihrer inneren Struktur. Was im einen geschieht, spiegelt sich im anderen wider. Was in uns ist und was außerhalb von uns ist, steht in enger Verbindung zueinander, auch wenn wir das (noch) nicht erkennen. Die Antwort auf die oben genannten Fragen lautet also: Indem wir in uns hineinhören. Wenn wir uns als Teil des Flusses begreifen, nicht als getrennt von ihm, dann spüren wir ihn auch. Das lernen wir, wenn wir uns die vorangegangenen acht Gebote zu eigen machen.

2. Beobachten Sie die Natur. Machen Sie sich wieder zu einem Teil von ihr. Erleben Sie die Vögel, die Wiesen, die Wälder, andere Tiere. Gehen Sie in die Natur, öffnen Sie Ihre Sinne für sie. Sie *sind* Natur! Das haben Sie vielleicht für den Moment vergessen. Leider sind wir Menschen ein wenig überheblich und wollen davon nichts mehr wissen. Der Mensch evolutionsgeschichtlich ein Tier? Ein Teil der Natur?

Das haben wir doch hinter uns. Wir sind auf einer höheren Ebene, wir sind der tieferen Ebene, der Natur, entwachsen. So denken wir, richtig? Durch unser Bewusstsein entfernen wir uns immer weiter von unserem Ursprung und damit von unserer inneren Stimme, die nach wie vor reine Natur ist. Kein Wunder, dass wir da gegen das Dao leben. Aber wenn wir das tun, leben wir letztlich eben auch gegen uns selbst.

10. Gebot: Du sollst inneren Frieden finden

Das größte Unglück
ist das Verlangen.
Die größte Last
ist die Gier.
Der größte Fluch
ist die Unzufriedenheit.

Nur die, die wissen,
wann genug genug ist,
werden je genug haben.[48]

Mit diesen Worten aus dem *Daodejing* wollen wir auseinandergehen. Sie kennen nun einige Ratschläge, die Ihnen das Zen zu geben hat. Wenn Sie wirklich wachsen wollen, beherzigen Sie sie. Denken Sie darüber nach, üben Sie, reflektieren Sie, lernen Sie. Je intensiver Sie das tun, desto weiter werden Sie auf dem Weg des Lebens vorankommen. An dessen Ende stehen weder Reichtum noch Erfolg, weder Perfektion noch Ruhm, weder Schönheit noch Freiheit von allem Leid, sondern etwas viel Größeres und Bedeutenderes: innerer Frieden. Und das heißt: Sie selbst.

Finden Sie diesen Frieden. Finden Sie sich!

Anhang

Nachbemerkung

Falls Sie sich intensiver mit dem Zen befassen und beispielsweise auch das Zazen, die Zen-Meditation, üben wollen, empfehle ich Ihnen vor allem die Bücher von Charlotte Joko Beck, die einen sehr pragmatischen Ansatz hat. Bei Sylvia Wetzel und Ayya Khema (für die dasselbe gilt) finden Sie Anleitungen zu Meditationen aus der Tradition des Tibetischen und des Theravada-Buddhismus . Bedenken Sie aber: Das Meditieren muss man lernen, und ohne Lehrer/in geht das nicht!

Falls Sie mehr über den Bereich *Frauen und Buddhismus* lesen wollen, werden Sie unter anderem bei Ilse Karnotzki, Ayya Khema, Nyanaponika Thera/Hellmuth Hecker, Sylvia Wetzel, Doris Wolter und Vicki Mackenzie (die Lebensgeschichte Tenzin Palmos) fündig. Auch im Internet gibt es zahlreiche Veröffentlichungen zum Thema.

Literaturverzeichnis

Bechert, Heinz/Gombrich, Richard (Hg.): *Der Buddhismus. Geschichte und Gegenwart.* C. H. Beck Verlag, München 2002

Beck, Charlotte Joko: *Zen im Alltag.* Knaur Verlag, München 1990

Bottini, Oliver: *Das große O. W. Barth-Buch des Buddhismus.* O. W. Barth Verlag, Frankfurt am Main 2004

Brück, Michael von: *Buddhismus. Grundlagen – Geschichte – Praxis.* Gütersloher Verlagshaus, Gütersloh 1998

Buddha: *Die Lehre des Erhabenen.* Aus dem Palikanon ausgewählt und übertragen von Paul Dahlke. Wilhelm Goldmann Verlag, München 1979

Conze, Edward: *Der Buddhismus. Wesen und Entwicklung.* Kohlhammer Verlag, Stuttgart/Berlin/Köln 1989

Herrigel, Eugen: *Zen in der Kunst des Bogenschießens.* O. W. Barth Verlag, Bern/München/Wien 1981

Kapleau, Philip: *Die drei Pfeiler des Zen. Lehre, Übung, Erleuchtung.* O. W. Barth Verlag, Bern/München/Wien 1998

Karnotzki, Ilse: *Das Frauenbild zur Zeit des Buddha.* Verlag Beyerlein & Steinschulte, Herrnschrot 2005

Khema, Ayya: *Das Geheimnis von Leben und Tod. Das Wesen der Buddha-Lehre aus weiblicher Sicht.* O. W. Barth Verlag, Bern/München/Wien 1991

Khema, Ayya: *Was du suchst, ist in deinem Herzen. Der Weg zur inneren Klarheit.* Herder Verlag, Freiburg im Breisgau 2001

Mackenzie, Vicki: *Das Licht, das keinen Schatten wirft. Die Lebensgeschichte einer Frau aus dem Westen auf der Suche nach Vollkommenheit.* O. W. Barth Verlag, Bern/München/Wien 2003

Rizzetto, Diane Eshin: *Zen für jeden Tag.* Knaur Verlag, München 2006

Schiekel, Munish B.: *Dhammapada – die Weisheitslehren des Buddha.* Herder Verlag, Freiburg im Breisgau 2002

Schumann, Hans Wolfgang: *Handbuch Buddhismus. Die zentralen Lehren: Ursprung und Gegenwart.* Diederichs Verlag, Kreuzlingen/München 2000

Sudo, Philip Toshio: *Zen rund um die Uhr. Mehr Lebensfreude und Gelassenheit – Stunde für Stunde, Tag für Tag.* Fischer Verlag, Frankfurt am Main 2003

Thera, Nyanaponika/Hecker, Hellmuth: *Die Jünger Buddhas. Leben, Werk und Vermächtnis der vierundzwanzig bedeutendsten Schüler und Schülerinnen des Erwachten.* O. W. Barth Verlag, Bern/München/Wien 2000

Wetering, Janwillem van de: *Der leere Spiegel. Erfahrungen in einem japanischen Zen-Kloster/Reine Leere. Erfahrungen eines respektlosen Zen-Schülers.* Rowohlt Verlag, Sonderausgabe, Reinbek bei Hamburg 2007

Wetzel, Sylvia: *Das Herz des Lotos. Frauen und Buddhismus.* Fischer Taschenbuch Verlag, Frankfurt am Main 1999

Wolter, Doris (Hg.): *Lebendiger Buddhismus heute.* O. W. Barth Verlag, Bern/München/Wien 2002

Quellennachweise

1 Gombrich, Richard: »Einleitung: Der Buddhismus als Weltreligion«, in: Bechert, Heinz/Gombrich, Richard (Hg.): *Der Buddhismus*, S. 15

2 Khema, Ayya: *Das Geheimnis von Leben und Tod*, S. 80

3 Zitiert nach Deshimaru-Roshi, Taisen: *Za-Zen. Die Praxis des Zen.* Kristkeitz Verlag, Heidelberg 1978

4 In: Wolter, Doris (Hg.): *Lebendiger Buddhismus heute*, S. 74

5 Brück, Michael von: *Buddhismus. Grundlagen – Geschichte – Praxis*, S. 94

6 Bottini, Oliver: *Das große O. W. Barth-Buch des Buddhismus*, S. 177

7 Mackenzie, Vicki: *Das Licht, das keinen Schatten wirft*, S. 75

8 *Anguttara-Nikaya,* zitiert nach Schumann, Hans-Wolfgang: *Handbuch Buddhismus*, S. 62

9 Zitiert nach Conze, Edward: *Der Buddhismus*, S. 54

10 In: Wolter, Doris (Hg.): *Lebendiger Buddhismus heute*, S. 291 und 295

11 In: Wolter, Doris (Hg.): *Lebendiger Buddhismus heute*, S. 37

12 Wetzel, Sylvia: *Das Herz des Lotos. Frauen und Buddhismus*, S. 21

13 In: Wolter, Doris (Hg.): *Lebendiger Buddhismus heute*, S. 37

14 Zitiert nach Kapleau, Philip: *Die drei Pfeiler des Zen*, S. 36
15 Buddha: *Die Lehre des Erhabenen*, S. 348
16 Schiekel, Munish B.: *Dhammapada – die Weisheitslehren des Buddha*, S. 23
17 In: Wolter, Doris (Hg.): *Lebendiger Buddhismus heute*, S. 43
18 Wetzel, Sylvia: *Das Herz des Lotos*, S. 23
19 In: Wolter, Doris (Hg.): *Lebendiger Buddhismus heute*, S. 197
20 Schiekel, Munish B.: *Dhammapada – die Weisheitslehren des Buddha*, S. 23
21 Khema, Ayya: *Das Geheimnis von Leben und Tod*, S. 17
22 Sudo, Philip Toshio: *Zen rund um die Uhr*, S. 180
23 Zitiert nach Sudo, Philip Toshio: *Zen rund um die Uhr*, S. 180
24 Nach Thera, Nyanaponika/Hecker, Hellmuth: *Die Jünger Buddhas*, S. 295, und Schumann, Hans Wolfgang: *Handbuch Buddhismus*, S. 41 f.
25 Khema, Ayya: *Was du suchst, ist in deinem Herzen*, S. 27
26 Schiekel, Munish B.: *Dhammapada – die Weisheitslehren des Buddha*, S. 58
27 Schiekel, Munish B.: *Dhammapada – die Weisheitslehren des Buddha*, S. 70
28 In: Wolter, Doris (Hg.): *Lebendiger Buddhismus heute*, S. 76
29 Zitiert nach Thera, Nyanaponika/Hecker, Hellmuth: *Die Jünger Buddhas*, S. 68

30 Zitiert nach Hoffmann, Yoel: *Der Ton der einen Hand. Die bisher geheimen Antworten auf die wichtigsten Zen-Koans.* O. W. Barth Verlag, Bern/München/Wien 1978, S. 33

31 Zitiert nach Shibayama, Zenkei: *Zu den Quellen des Zen. Die berühmten Koans des Meisters Mumon aus dem 13. Jahrhundert mit Einführung und Kommentar.* O. W. Barth Verlag, Bern/München/Wien 1976, S. 167

32 Aus: Meister Yunmen: *Zen-Worte vom Wolkentor-Berg.* O. W. Barth Verlag, Bern/München/Wien 1994, S. 105

33 Aus: Izutsu, Toshihiko: *Philosophie des Zenbuddhismus.* Rowohlt Verlag, Reinbek bei Hamburg 1979, S. 63

34 Schiekel, Munish B.: *Dhammapada – die Weisheitslehren des Buddha*, S. 82

35 *Suttapitaka. Buch der buddhistischen Urschriften. Band III: Mittlere Sammlung. Erste Lese.* Neubuddhistischer Verlag, Zehlendorf-West bei Berlin 1923, S. 106

36 Bottini, Oliver: *Das große O. W. Barth-Buch des Buddhismus*, S. 82

37 Khema, Ayya: *Was du suchst, ist in deinem Herzen*, S. 78

38 Khema, Ayya: *Was du suchst, ist in deinem Herzen*, S. 79

39 Gombrich, Richard: »Einleitung: Der Buddhismus als Weltreligion«, in: Bechert, Heinz/Gombrich, Richard: *Der Buddhismus. Geschichte und Gegenwart.* C. H. Beck Verlag, München 2002, S. 15

40 Schiekel, Munish B.: *Dhammapada – die Weisheitslehren des Buddha*, S. 75

41 Khema, Ayya: *Was du suchst, ist in deinem Herzen*, S. 50

42 Wetzel, Sylvia: *Das Herz des Lotos. Frauen und Buddhismus*, S. 20

43 Laotse: *Tao Te King (I)*, in: *Asiatische Philosophie: Indien und China* (CD-ROM). Directmedia Publishing, Berlin 2004, S. 28.560

44 Wildish, Paul: *Daoismus im Überblick. Die Weisheitslehre von Yin und Yang*. Herder Verlag, Freiburg im Breisgau 2002, S. 34

45 Wilhelm, Richard (Hg.): *Dschuang-Dsi. Das wahre Buch vom Blütenland*. Hugendubel Verlag, Kreuzlingen und München 2002, S. 195

46 Wildish, Paul: *Daoismus im Überblick. Die Weisheitslehre von Yin und Yang*. Herder Verlag, Freiburg im Breisgau 2002, S. 23

47 Beck, Charlotte Joko: *Zen im Alltag*, S. 54 u. 55

48 Aus dem *Daodejing*; zitiert nach Sudo, Philip Toshio: *Zen rund um die Uhr*, S. 99

Zur Autorin

Felicitas Weiß ist eine Reisende und seit zwanzig Jahren in buddhistischen Ländern unterwegs. Lernend und lehrend hat sie sich intensiv und kritisch mit dem Buddhismus und insbesondere mit der Zen-Tradition auseinandergesetzt. Sie pflegt intensive Kontakte zu buddhistischen Frauenklöstern in Ostasien und hat viele buddhistische Frauen, Nonnen wie Laiinnen, zu ihrer Lebensweise befragt. Felicitas Weiß ist nicht ihr richtiger Name. Aus persönlichen Gründen möchte die Autorin ungenannt bleiben und schrieb dieses Buch unter Pseudonym.

Karen M. Miller

Zen oder die Kunst Mutter zu sein

288 Seiten, HC mit Schutzumschlag
ISBN 978-3-502-61188-2

Ein Buch, das aufräumt mit all den überzogenen Vorstellungen von perfekter Elternschaft und Erziehung.

Ein Buch, das Ihnen wirklich solidarisch zur Seite steht und Mut macht, die täglichen Herausforderungen zu bestehen.

Ein Buch, das Sie dazu ermuntert, bei dem Abenteuer Kindererziehung der eigenen Intuition zu folgen.

Ein Buch, das Ihnen hilft, die Lektionen des Lebens als Mutter oder Vater Stück für Stück in Leichtigkeit und Glück zu verwandeln.

O. W. Barth

Le film d'épouvante

Dans la même collection

LES GRANDS ACTEURS

Romy Schneider
Marilyn Monroe
Gérard Depardieu
Clint Eastwood
Simone Signoret
Steve McQueen
Grace Kelly
Christophe Lambert
Liz Taylor (juin 89)
Gérard Philipe (juin 89)

LES GRANDS GENRES

Le cinéma érotique
Le film de science-fiction
Le film d'épouvante

LES GRANDS RÉALISATEURS

Alfred Hitchcock
Sergio Leone
François Truffaut (juin 89)

LES GRANDS FILMS

Autant en emporte le vent
Le film policier (juin 89)

L'auteur tient à remercier : Capital Cinéma Distribution, Hervé Charrier, Christophe L., Robert Schlockoff, Jacques Zimmer pour leur aide aussi précieuse qu'épouvantable.